Blauer Schatz der Gärten

Karl Foerster

Blauer Schatz der Gärten

Kommende Freundschaft des Gartenmenschen mit der neuen Sphäre der Gartenfarben dem blauen Flor der Monate von Vorfrühling bis Herbst

Karl Foerster

Mit 14 Farbtafeln von
Esther Niedermeyer-Bartning und
Illustrationen von Kurt Schulze

4. Auflage
Herausgegeben und neu bearbeitet
von Norbert Kühn
unter Mitarbeit von Christian Meyer,
Konrad Näser,
Christina und Tomas Tamberg

Ulmer

Titelbild: Wolfgang Redeleit, Bienenbüttel

Marianne Foerster, Berlin: 45, Schutzumschlag
GBA/Bolton: 135
GBA/Perder: 151 o.
Norbert Kühn, Berlin: 67, 75, 85, 94, 97, 110, 104 re., 112 re., 140, 143
Christian Meyer, Berlin: 95 re.
Konrad Näser, Berlin: 103 re., 104 li. , 105 li., 105 re., 107 o., 107 m., 107 u., 111 li., 112 li, 134, 162, 168 o.
Marion Nickig, Essen: 53, 56 li., 56 m. re., 56 o., 56 u. re., 59 u., 63, 64 o., 64 u., 65, 66, 69, 72, 74 re., 77 o., 96, 99, 101, 102 li., 102 m., 102 re., 103 li. , 105 m., 107 re., 107 li., 109 li., 109 re., 111 re., 113 li., 113 m., 113 u. re., 113 o., 114, 116 li., 119, 125 re., 125 li., 128 o., 127, 133, 136 re., 136 li., 138 u., 139, 141, 142, 146 o. li., 146 u. li., 151 u. re., 151 li., 154, 157 re., 160, 161, 163 li., 163 re., 165, 166 re., 167, 168 u. li., 168 u. re.
Hans Reinhard, Heiligkreuzsteinach: 58, 59 o., 62, 73, 77 m., 77 u., 95 li., 115, 118, 124, 126, 128 li., 128 re., 132 li., 132 m., 144, 146 u. re., 164 li.
Nils Reinhard, Heiligkreuzsteinach: 93, 166 li.
Friedrich Strauß, Au/Hallertau: 68, 74 li., 98, 116 re., 132 re., 138 o., 146 o. re., 156, 157 li., 164 re.
Tamberg, Berlin: 81, 82 li., 82 m., 82 re., 83, 87 u., 88 li., 88 re., 87 o.

Bibliografische Information der Deutschen Nationalbibliothek
Die Deutsche Nationalbibliothek verzeichnet diese Publikation in der Deutschen Nationalbibliografie; detaillierte bibliografische Daten sind im Internet über http://dnb.d-nb.de abrufbar.

Wollgrasweg 41, 70599 Stuttgart (Hohenheim)
E-Mail: info@ulmer.de
Internet: www.ulmer.de

Lektorat: Doris Kowalzik
Gesamtgestaltung: Stefanie Silber, Heilbronn
Reproduktion: Atelier am Schlossberg, Stuttgart
Satz: Typomedia GmbH, Ostfildern
Druck und Bindung: Druckerei Karl Grammlich, Pliezhausen
Printed in Germany

ISBN-10: 3-8001-4725-4
ISBN-13: 978-3-8001-4725-0

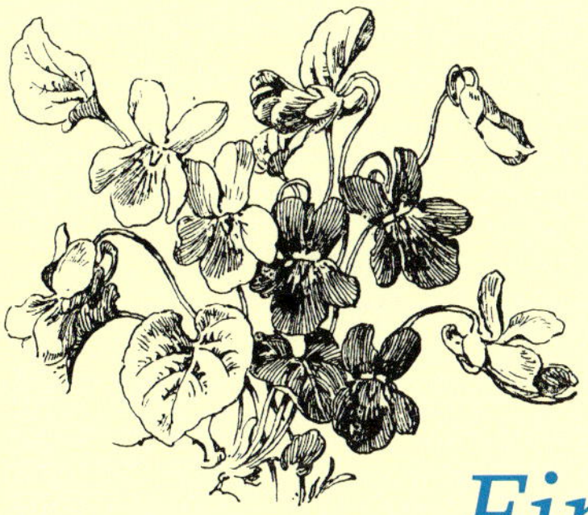

Einführung

Nach einem Menschenalter wird dieses Buch, tief bereichert und erweitert und auf den neuesten Stand seines wunderbaren Stoffes gebracht, von der kommenden Entfaltung der Dinge überblendet und überholt werden, die es zu entflammen versucht. In anderer Hinsicht, so hoffen wir, wird es wie seine Buchgeschwister aus Bereichen überholten Zurückbleibens heraustreten und als Träger eines neuen, weit emporwachsenden Lebensgefühls wohl noch das Herz einer blauen Zukunft berühren.

Verstand allein – Gefühl allein – führt nicht zum Ziel. So ist auch dieses Buch zusammengesetzt aus der gefühlsmäßigen Hinwendung an seinen großen Gegenstand und aus der erfahrungsmäßigen Bemeisterung des blauen Pflanzenreiches und seiner Zukunftsrolle im Garten: es ist hier also jedem Anfänger ein genügender Anhalt für den Umgang mit dem blauen Gartenflor gegeben.

Potsdam-Bornim 1953
Karl Foerster

Vorwort zur 4. Auflage

**»Ein Romanschriftsteller kann
seine Bücher unverändert drucken lassen –
die Küsse bleiben dieselben;
unsere Gartenbücher jedoch haben
immer wieder ganze neue und andere
Blumen ans Herz zu nehmen.«
Karl Foerster**

Vor Ihnen liegt die 4. Neuauflage des »*Blauen Schatzes der Gärten*«. Kein anderes Buch Karl Foersters ist wohl wie dieses zum Inbegriff seiner Botschaft geworden: für den unübersehbaren Reichtum der Pflanzenwelt auf poetische Weise zu werben und gleichzeitig durch viele Hinweise und detaillierte Informationen zum Gelingen der Gartenträume eines jeden Lesers beizutragen. »*Verstand allein – Gefühl allein – führt nicht zum Ziel*«.

Soll und kann man ein solches Buch wirklich »*neu*« machen? Selten hat man als Neuherausgeber einen deutlicheren Auftrag erhalten, als ihn Karl Foerster in seinem Vorwort formuliert hat: »*Nach einem Menschenalter wird dieses Buch, tief bereichert und erweitert und auf den neuesten Stand seines wunderbaren Stoffes gebracht, von der kommenden Entfaltung der Dinge überblendet und überholt werden, die es zu entflammen versucht. In anderer Hinsicht, so hoffen wir, wird es wie seine Buchgeschwister aus Bereichen überholten Zurückbleibens heraustreten und als Träger eines neuen, weit emporwachsenden Lebensgefühls wohl noch das Herz einer blauen Zukunft berühren*«. Es galt also die neu hinzugekommene »*Entfaltung der* (blauen) *Dinge*« aufzuzeigen und zugleich die Dinge zu belassen, die »*noch das Herz einer blauen Zukunft berühren*«.

Dieses Buch basiert auf der 2. Auflage, die Karl Foerster selbst noch 1953 herausgegeben hat. Sie werden darin nahezu alle die Texte finden, die er hierfür geschrieben hat. Einige wenige Kapitel, deren Inhalte für den heutigen Pflanzenfreund nicht mehr interessant sind, wurden gestrichen. Dafür sind Texte zu den neuen Entwicklungen auf dem Gebiet der blauen Pflanzen hinzugefügt. Diese Texte wurden von ausgewählten, sachkundigen Autoren verfasst. Für ihre Mitarbeit sei an dieser Stelle Christian Meyer, Christina und Dr. Tomas Tamberg gedankt. Ein besonderer Dank gilt Dr. Konrad Näser, der durch seine ausführliche Darstellung der Foerster-Züchtungen einen wesentlichen Beitrag zum Erhalt dieses Kulturguts leistet. Des Weiteren haben wir auch auf Vorarbeiten von Martin Heisig (FPB Berlin) und Bettina Bergande (TOPOS Berlin) zurückgegriffen. Auch ihnen und allen Ungenannten, die durch Diskussionen und Anregungen zum Gelingen dieses Buches beigetragen haben, einen herzlichen Dank!

Berlin 2006
Norbert Kühn

Inhaltsverzeichnis

Blau in Welt und Garten

Karl Foerster

Es ist um die blaue Farbe in Natur-, Kunst- und Gartenblumenreichen eine wundersame Sache. Die ganze schöne Erdenwelt mit Himmel und Meer, Bergferne und Gewässer ist zumeist in Blau getaucht, soweit sich nicht in den kühleren Zonen Nebel und Gewölke zur Wehr setzen, um das große Wechselspiel von Dur und Moll zu treiben.

Dennoch hat die Kunst von solcher blauen Übermacht der Dinge, die sich Tag und Nacht um uns und über uns begeben, bislang erst einen kleinen Teil gespiegelt und erobert. Auch im Bauwesen und Kunstgewerbe glänzt das reine Blau nur selten auf – so das schöne Fajum-Blau der alten Ägypter oder das Blau der Kacheln assyrischer und babylonischer Bauten, die Wandmalereien im Palast des Minos und die schönen blauen Emailleplatten, mit denen die Technik alter Zeiten diesen edlen Farben auf Umwegen ihr Recht werden ließ – oder irgendeine ganz alte französische Landkirche, deren Farbenfenster nicht im gewohnten Dunkellila, sondern in strahlendem Blau leuchten und die Besucher mit blauen Farbenfrieden überfluten; dann wieder das tiefe Blau der Madonnengewänder auf Bildern aller möglichen Jahrhunderte, oder ein seltsames Bild von Greco, ganz erfüllt vom Blau des Lapislazuli.

Kosten, Technik und Lichteinfluss standen der Verwendung und der Dauer jener viel geliebten Farbe auf allen Gebieten entgegen.

Zuweilen zweifelt man auch, ob Blau in früheren Zeiten schon so gesehen und gefühlt werden konnte wie heute!

Selbst in Goethes Farbenlehre, und zwar im Kapitel über die Gemütsbeziehung zur Farbe, stehen doch keineswegs die rechten Worte über Blau, obgleich er die wunderbarste blaue Schatzgrube der Welt kannte – das Mittelmeer. Nur im Wilhelm Meister redet die Schilderung eines kultischen Innenraums tiefer von Geheimnissen der blaugrünen Farbe, die in Musikräumen der Seele des Hörers größte Freiheit lasse.

Die romantischen Ritter der Blauen Blume, die natürlich auch die Blaue Grotte entdeckten, haben unseren Gemütskräften die blaue Seite des Erdendaseins so wunderbar geöffnet, dass auch der Verstand auf diese Fährte aufmerksamer zu werden beginnt. Die Zielromantik unserer Zeit empfängt aus jener glühenden Epoche Gedankenrichtungen für die Lenkung des Naturhaushalts.

Böcklin, Pionier der blauen Farbe, nahm deren Töne in den Dienst überweltlicher Darstellungsgeheimnisse. Das reicht vom Blau der Himmels- und Wasserspiegelung bis in die Gewänder beschaulicher Gestalten – so ins dunkelblaue Gewand einer im Mauer- und Zypressenschatten vorüberschreitenden Frauengestalt, die mit leise seitlich geneigtem Haupt aus Schattendunkel auf helle Blumenwiesen hinausblickt –, wobei gerade das, was sie jenem Bild bedeutet, durch keine andere Farbe, kein anderes Blau ausgedrückt werden konnte. Dass doch Farbe eines Gewandes, ja Schmuckstückes zum Stichwort tieferer Deutung einer Menschenerscheinung werden kann! Jenes Blau deutet auf Glücksgeheimnisse der Schattenkühle, die sie mit der heißen Helle tauscht.

Die Welt wird blauer mit jedem Tag

Karl Foerster

Alles hier auf Erden bewegt sich in immer größerer und schnellerer Verwandlung. Die Technik entfaltet neue, glanzvollere und dauerhaftere Färbungs- und Darstellungsmittel: zauberische Wagen, Straßen, Schiffe und Flugzeuge tragen Millionen in blaue Weltweiten. In Gärten glänzt der blaue Farbenschatz von Frühling bis Herbst reicher auf; Hochgebirge in allen Erdteilen, ganz besonders in Europa, Westindien, Kleinasien, Kaukasien, Mittelasien und Ostasien sind die großen Fundstätten.

Wir leben in einem Zeitalter – stürmischer und vulkanischer als wir fassen und übersehen können –, das dennoch sein Gegenspiel, die Blaue Blume, ausbaut wie keines zuvor! Ihre Auffindung in der Wildnatur gehört fast nur den letzten anderthalb Jahrhunderten an, vor allem den letzten Jahrzehnten – ihre Veredlung erst den vergangenen fünfzig Jahren und in steigendem Maße allerneuesten Zeiten.

Nur die Geschichte der Züchtungskultur einiger weniger blauer Pflanzen, so der japanischen Kaiserwinden und der Hortensien, reicht in größere Zeitferne zurück.

Die Anfangsarbeit am wilden Rittersporn, dem kein Auge seine hohe Gartenzukunft ansehen konnte, begann auf der Welt erst in der Jugendzeit jetzt alternder Menschen. Die vielen blauen Wildblumenüberraschungen jüngster Zeiten lassen uns aber mit Recht noch auf viele unentdeckte Blumengesichter der Erde in unzugänglichen Wildnisfernen schließen.

Immer mannigfaltigere blaue Blumen wurden für alle Monate des Gartenjahres in Gebrauch genommen und durch Zuchtarbeit zu reinerem Blaufeuer geschliffen, oder es ward Blütengewächsen anderer Farbe das Blau vieler Stufungen anerzogen. Die »Blaue Blume der Romantik« wird dabei in fortschreitendem Maße auf feste, praktische Grundlage gestellt, was auch der Romantik zugute kommt. Das heißt also: die blauen Blumengewächse werden zu wachsender Gartendienstbereitschaft jeder Art erzogen.

Wir können der Lockung nicht widerstehen, hier um die Mitte des zwanzigsten Jahrhunderts[1] mit einem Gartenbuche, das sich erstmals einer besonderen Farbe verschreibt, den blauen Blütenstrom in die Breiten unseres Gartenlebens leiten zu helfen.

1 Die erste Ausgabe des »Blauen Schatzes der Gärten« erschien 1941, die zweite 1953.

Seltsam, wie doch Menschen auf so vielen Gebieten noch in lauter Gefängnissen leben, deren Türen offen stehen – ahnungslos an Schatzkammern vorübergehen, deren Pforten darauf warten, sich leisem Druck zu öffnen! Meinen doch die blauen Schätze dieses Buches Gärten *aller* Art, auch die kleinsten Dorf- und Laubengärtchen; denn wir gingen hier wie auch in unseren anderen Büchern allen Luxuspflanzen schwieriger Beschaffung und Pflege unbeirrbar aus dem Wege.

Dies alles wird noch im besonderen Sinne für ein Land gesagt, dessen verschwiegene Lieblingsfarbe Blau zu sein scheint – im Volksmund die Farbe der Treue genannt. Manchmal scheint es, dass Deutschland und China das stärkste Verhältnis zur blauen Farbe haben, auch wenn dies in Deutschland noch wenig an die Oberfläche tritt. Von innen nach außen ist oft ein langer Weg, sonst bestünde keine Notwendigkeit für dieses Buch.

Blau ist keine bloße Farbe

Karl Foerster

Blau ist ein seltsam anderes Etwas. Es ist die Stelle des Farbenreichs, wo das ganze bunte Farbenband gesprengt wird.

Blau ist die Farbe der ewigen Hoffnung, so wie Lila Farbe der gefestigten Resignation ist.

Einmal hat die Musik Blau in Tiefen angeleuchtet wie nie zuvor, und zwar in den Tönen von Beethovens Neunter Sinfonie zu den Textworten: »... und der Cherub steht vor Gott« – wobei dieses letzte Wort in wunderbar neue Ton- und Klangfarbe aufsteigt.

Blau ist eine Welt, die kein Mensch überschauen kann. Es gibt unabsehbare Stufungen der blauen Farbe, die alle etwas anderes meinen und geistige Ausdrucksmittel besonderer Art darstellen, sowohl an sich als auch in Verbindung mit anderen Farben. Sie bewegen sich oft jenseits aller Fantasiebereiche und sind auf keiner Palette zu ermischen, wenn sie nicht der Natur nachgemischt werden können, die sich aber der Palette auch oft zu entziehen weiß.

Und jede blaue Blumenart und Blumenvariante enthält neue Zugänge zu diesem Farbenreich, weckt uns für immer neue Blaugefühle und vermittelt Erlebnisse, die sich seltsam jenseits dessen begeben, was uns sonst als von Blumen ausgehend bewusst ward.

Manche blauen Blumenarten reden von Berg- und Alpengeheimnissen; andere wecken Meeresgefühle, sodass wir Gärtner, die sie veredeln, ihnen unwillkürlich Namen von Meeresgottheiten beilegen. In wieder anderen blaut das Geheimnis kleiner Gewässer, das hier sein Märchenantlitz aus der Tiefe zu heben scheint – so in blauer Iris oder im Ufer-Vergissmeinnicht; aus noch anderen scheint ein treuherziges Waldauge zu blicken.

Manche kommen in Prachtgewändern aus kargen Steppen oder bringen »erschreckend« blaue Grüße aus so heißer Fremde, dass eigentlich das frische Blau hätte verlöschen müssen, so die blauen Lobelien Südafrikas, die blaue Enziansalbei Mexikos und die blauen Winden Westindiens. Andere blaue Blumen, wie die großen Prunkwinden der Japaner, tragen uns durch ihre erzüchtete Großartigkeit den Hauch der Liebe eines fremdartig fernen Volkes zur blauen Blume herüber. Diese Blume sind wie Winde gewordene Liebe des japanischen Menschen zur Winde.

Rings im Berggarten stehen blühende Rittersspornhorste vor Tannen und Felsen und Fernen, verzaubert von Bergfeuchte und Berglicht in unbeschreibbarem Blau und halten das Berggärtchen wie an Himmelsketten.

Manch Rittersspornblau, wie das der Züchtungen 'Meergott' oder 'Azurriese'[2], hört zuweilen in besonderer Beleuchtung fast auf, Blumenstoff zu sein, und steht in einem fast flüssig blauen Feuer, das wir in anderer Beleuchtung schon nach einer Stunde kaum der Erinnerung glauben.

2 'Meergott' und 'Azurriese' sind nicht mehr erhältlich.

Wie oft müssen sich manche erstaunlichen äußeren oder inneren Erlebnisse wiederholen, ehe wir ablassen, am Erlebten herumzuzweifeln!

Bis spät in klare Abende hinein, also bis um zehn Uhr, wenn andere Farben schon schlafen und auch die meisten Rittersspornblaus schon entfärbt ruhen, können sich manche helleren Blaus noch nicht vom Tage trennen – vom »heute gewesenen Tage«.

Vor vielen Einjahrsblumen wischt man sich über die Augen, ob man recht gesehen: Die kleine blaue *Felicia* scheint ein vom fremdesten Stern hierher versprengtes Blumenjuwel. Die blaue *Commelina* wirkt wie der erträumte Blumengeist einer irdischen Dreimasterblume. Das Kapvergissmeinnicht, *Anchusa capensis*, ist die Vergissmeinnichtantwort auf afrikanische Sonne. Von manchen blitzend blauen Lobelienfarben gehen Wirkungen aus, als ob sich Auge und Lebensmark darin gesundbadeten.

Blau ist ein Herrscher der Gärten. Diese Farbe in ihren Gipfelschönheiten macht gartenfroher als alle andern Farben. Sie behauptet ihre Heiterkeit gegen Regen und Gewölk, wirkt fast durstlöschend an Hitzetagen, an denen wir so empfindlich gegen müde Farben sind und oft nur Blau lieben, so wie man bei Hitze oft nicht essen, sondern nur noch trinken mag.

Manchmal können Gärten in der Blauglut oder Ätherschönheit edelster Raum beherrschender blauer Gewächse in solchen Verkehr mit Himmel und Licht treten, als ob neue Funken zwischen Himmel und Erde überspringen.

Neue Farbengegenspieler

Karl Foerster

Die Mitwirkung der reinblauen Farbe ist in allen möglichen Gartenbezirken, auch gartengestalterisch gesehen, von Frühling bis Herbst eine Angelegenheit ersten Ranges.

Es kommt darauf an, durch Übermittlung der Natur- und Kunsterfahrung die blauen Angelegenheiten in wagnisreiche, schöpferische Zusammenklänge mit allen übrigen hineinzuordnen. Die Welt ist erziehbar zur blauen Farbe. Das geschieht teils durch züchterische Arbeit, teils durch Gewinnung neuer Methoden der Einschmelzung des Blaus in die übrigen Gartenfarben von heute, die dem Blau eine immer stärkere und reichere Resonanz bieten.

Reines Blau ruft alle krakeelenden Nachbarfarben zum Frieden auf und bringt die wahre Märchenbuntheit hinein. Es ist wie eine hohe Gedankenmacht von oben, welche die bunt widerstreitenden Weltdinge nicht nur entwirrt, sondern auch ihren weltlichen Zauber zur tiefsten Wirkung bringt.

Die anderen Gartenfarben haben aber auch nicht gefeiert – sie sind edler und mannigfaltiger geworden, sodass die neuen blauen Farben von einer Fülle anderer Edelfarben aufgefangen werden, die oft noch ganz anderen Bereichen angehören als bisher – so etwa das samtbraune Helenium 'Feuerwein'[3], das mit seinem langen, späten Septemberflor überraschend in die Nachflorzeit des Rittersporns passt.

Wenn man alle fragwürdigen, unklaren, übergangsmäßigen Farben meidet, was gar keinen großen Verzicht bedeutet, und derbes Goldgelb nicht zwischen andere Farben verzettelt, sondern gesondert sammelt und rhythmisiert, dann wird das neue Blau ein neues, reiches und durchschlagendes Mittel, um zu reinen, sinnvollen Farbenklängen zu gelangen.

Hierbei sollen alle zarten und lilablauen Töne nicht etwa gering geachtet werden, denn gerade sie enthalten aus vielen Ursachen eine Unzahl von Stufungen, die dem reinen Blau die größten Dienste leisten. Reines Blau steht zwar über bloßem Lila so hoch wie der Himmel über der Erde; doch gehören eben Himmel und Erde zusammen! Besonders in schräger Sonnenbeleuchtung liegen oft Molltöne des Blaus, die zu tiefdunkellila Tönen und auch zum Violett hinübergehen, in einer wundervollen Verklärung, während das reine Blau daneben in jenem Licht ausdruckslos wartet.

Es gibt eben wunderliche Grenzgebiete zwischen Blau, Lila und Dunkellila von so verwickelten Übergängen, dass man reines Blau manchmal nur mit einer gewissen Bedingtheit begrifflich heraussondern kann. Ihre Benachbarung ist in vielen Fällen ebenso unentbehrlich wie in anderen gefährlich. Dennoch sollten alle Blumenbücher und Gartenkataloge wenigstens nach Kräften hier Moll und Dur so bezeichnen, dass sie nicht naiv durcheinander gequirlt, sondern in bewusster Auswahl benachbart werden.

Man denke der vielerlei lilafarbenen Pflanzenvarianten des ganzen Gartenjahres, die wir in der Liste der lilablauen Blumen aufzählen. Beleuchtung und Wechsel der Luftfeuchte spielt eine solche Rolle, dass auch Farben ausgesprochener lila Tönung oft in Abend- oder Morgenstunden oder im Schatten bei gleichzeitigem Widerschein tiefblauen Himmels zeitweise völlig blau wirken können – also in diesen Stunden auch den Nachbarfarben ganz ähnliche Dienste leisten wie das blaueste Blau.

Unter den neuartigen Helfern und Gegenspielern im Verkehr mit blauen Farben ist weiterhin vor allem das schöne neue Rotbraun zwerggiger Ahorne oder Japanberberis[4] zu feiern, während große Blutberberis, Blutpflaume und Bluthasel[5] als Hintergründe blauer Pflanzen schon bekannter sind.

Eine Menge völlig neuer Blumenfarbenklänge ist allgemach während dieser stürmischen Zeitläufe der vergangenen Jahrzehnte in Gärten aufgekommen; sie verklären und vertiefen und bereichern sich unaufhalt-

3 Die angegebene Sorte 'Feuerwein' (1954 herausgegeben) ist nicht mehr erhältlich. Ebenfalls im September und in braun bis braunrot blühen die Foerster-Züchtungen 'Feuersiegel' (1959), 'Rotkäppchen' (1956) und 'Septemberfuchs' (1951).

4 *Berberis thunbergii* 'Atropurpurea' und Sorten von *Acer japonicum* und *palmatum*.

5 *Berberis* × *ottawensis* 'Superba', *Prunus cerasifera* 'Nigra' und *Corylus maxima* 'Purpurea'.

sam und gehören als Einzeltöne oder im Zusammenklang mit anderen Farben zum Schönsten, was man in Gärten erleben kann.

Wir nennen nur den Doppelklang gesteigerten Azurblaus der Rittersporne mit neuesten Bernstein- oder Mahagonitönen der Helenium oder mit rotbraunen Einjahrsblumen – das Schwarzlila mancher Rittersporne in Verbindung mit Gelborange, also etwa mit der Taglilie Hemerocallis aurantiaca 'Major', oder auch das strahlende Blau der Sommer-Anchusa mit Riesenmohn und blassgelben Staudenlupinen.

Eine schon unabsehbare Zahl neuer edler Blumen- und Gewächsarten aller Monate drängt sich zu erlesenen Farbenklängen, und zwar gilt dies ebenso von den großen Farbengewächsen wie den Kleinstauden der Steingärten, die sich auch ihrerseits mit vielen neuen Farben in Blassorange, Schneeweiß, Zartblau, Silbergrau, Kaltgelb, Samtbraun und Blaugrün um das Blau der Blausterne, Enziane, Veronika, Delphinium, Anchusen, Vergissmeinnicht und Ritterspornsalbei[6] bemühen.

Lass dich nicht davon abbringen, in Ritterspornpflanzungen auch immer wieder einige weiße Rittersporne, frühe weiße Phloxe, Madonnenlilien, weiße hohe Glockenblumen oder Riesenschleierkraut[7] einzusprengen. Keine Phantasie kann die eigentümliche optische Wohltat dieser lichten weißen Farbwürzen in Pflanzungen großer, ernster blauer Gewächse vorausahnen.

Niemals soll man davon lassen, mit verwegenen Benachbarungen Versuche zu machen und zwei einander fremde Farben durch eine dritte zu einem Dreiklang zusammenzureißen. Es sei wiederholt: nicht zwei, sondern drei Farben naher Nachbarschaft stillen den feineren Farbenhunger des Auges.

Je reiner und erhobener die Farben sind, umso mehr kann gewagt werden. Mit kleinen Vorsichtsmaßregeln ist dann umso leichter auch Farbenstreit zu vermeiden. Wer den langen herbstlichen Nachflor des Rittersporns mit etwaiger Buschasternnachbarschaft des Herbstes in gutem Klange halten will, benachbart die Astern mit lilablauen Ritterspornen und sorgt für die Trennung aller lila- und rosafarbenen Astern von warmen Ritterspornfarben durch Zwischenpflanzung weißer Astern, weißer Rittersporne oder einfacher weißer Dahlien.

Die Zahl der Nachbarschaftsvorschläge aller Art geht in unseren neuen oder neu aufgelegten Gartenbüchern so ins Einzelne, dass hier nicht alles wiederholt werden kann.

Den Olymp der blauen Gartenfarbe nimmt der Rittersporn von heute und morgen ein. Er vermittelt die größten Überraschungen dieses ganzen Farbengebiets und ist gleichzeitig in den bewährten Edelsorten als

6 Hier ist *Salvia azurea* var. *grandiflora* gemeint. Er gilt in Mitteleuropa nicht als vollkommen winterhart.

7 Gemeint sind Sorten von *Phlox paniculata*, *Lilium candidum*, weiße Sorten von *Campanula latifolia* und *lactiflora* und *Gypsophila paniculata*.

bequemste Dauerpflanze für Gärten fast jeder Art zu preisen. Seine Blütezeiten haben sich durch früh und spät blühende Züchtungen, durch neue, lange blühende Sorten mit reichem, steil gestelltem Nebenrispenflor und durch das immer stärkere Nachblühen vieler wuchsfreudiger Züchtungen um das Vielfache verlängert. Diese Staude entwickelt sich allgemach stärker zum Pionier der blauen Farbe und lockt nicht nur das reiche Gefolge der vielen anderen blauen Gewächse nach sich in die Gärten, sondern ermutigt und entflammt auch die Veredlungsarbeit an vielen anderen blauen Pflanzenarten.

Ohne Entsagung keine Beschränkung. Es gibt kein Ende unserer Erfahrungsberichte über all diese Gartenfarben- und Pflanzenzuchtfragen, selbst wenn alles nur von dem Gesichtspunkt jenes einen neu erwachten großen Farbtons behandelt würde.

Dieses Buch soll aber kein »dicker Wälzer« werden, der allzu schwer in der Hand wiegt und im Schrank stehen bleibt – sondern ein leichtes Arbeitsbuch, das in den Garten mitgenommen wird. Ein schwerer, dicker Band passt auch gar nicht für die »Blaue Blume«. Nur ein leichtes, andeutendes, lockendes Erfahrungs- und Bilderbuch – zwar nicht hingehaucht, sondern durchgebaut und gewichtig genug – kann hier zum rechten Wegbereiter werden.

Grundsätzliches über die Gartenbühnen blauer Blumen

Karl Foerster

Die wenigen blau blühenden Gehölze gehören etwa an folgende Gartenplätze:

Die großen blauen *Clematis* lässt man an lichthalbschattig gelegenen Pergolaplätzen, an Ost- oder Westwänden oder an Kleinbäumen und locker gebauten Großsträuchern hinaufranken. Bitte hier bei der Pflanzung etwa Abstand von 1 m bis zum Gehölz einhalten. Die Erdwurzelballen werden eine Handbreit tiefer als üblich, womöglich noch in eine Mulde, gesetzt und die etwa zu starke Besonnung rings in der Nähe durch ein paar hohl gelegene Steinplatten abgemildert. *Clematis* × *jackmannii* 'Superba' ist lebensstärker als *Clematis* × *jackmannii*, und man kann ihr in feuchteren Klimaten auch sonnige Rabattenplätze an frei stehendem Pfahlgerüst zumuten. Der Flor dauert sehr lange. Alle Nachbarfarben passen.

Hortensien sind die eigentlichen Blütensträucher der Vorgärten geworden, wozu sie ihre ewige Dauerkraft und Schattenunempfindlichkeit befähigte. Das wunderbare Blau der von Natur blauen Sorten, welche dieses Blau ohne irgendwelche Eingriffe in vielen Böden unseres Landes entwickeln, wird in anderen Böden in den hierfür geeigneten acht Sorten durch Beigabe eines Löffels Alaun in die Erde eines Blumentopfes beim letzten Umpflanzen oder durch Einhacken dieser Substanz rings um die Pflanze erzielt. Man kann auch das Alaun in Wasser gelöst verwenden.[8]

Obwohl nun Hortensien keine eigentlichen Kübelpflanzen sind, so sind sie dennoch, wie so viele andere auch, dieser Aufgabe völlig gewachsen und leisten schönste Dienste als Kübelgewächse über lange Blütenzeiten hinweg. Solche Holz- oder Tonkübel, zweckmäßig mit Henkeln versehen, kann man dann im November in einen Keller schaffen, wo sie, leidlich frostgeschützt und vor zu starkem Trockenwerden behütet, durchwintern. Schönste Gegenfarbe bilden die vollkommen harten Büsche der *Hydrangea arborescens*, ferner auch die hohe weiße *H. paniculata* mit prächtigen spitzdoldigen Büschen, natürlich in der besten Sorte 'Grandiflora'. Eine Hauptfundstätte alter mächtiger, glühend blauer Hortensienbüsche ist etwa die Hamburger Gegend, in welcher die Sorte 'Niedersachsen' so häufig ist. Ein Busch beherrscht oft mit fremdartig verklärtem, undurchdringlichem Blau einen ganzen Friedhofsteil.

Man kann bis in alle Stadtvorgärten hinein, die in manchen Städten (und Dörfern) von Hortensien beherrscht sind, immer eine größere Anzahl von Sorten feststellen, die auch nach schwersten Wintern sich als

8 Diese Behandlung ist notwendig, will man blaue Farbtöne bei *Hydrangea macrophylla* erhalten. Ammoniakalaun oder Aluminiumsulfat verringert den pH-Wert (ideal ca. 4,5) und erhöht im Boden die Konzentration der Aluminiumionen. Beides ist für eine Blaufärbung der Blüten notwendig. Alternativ kann man die Pflanzen auch vor der Blüte mehrmals mit einer Lösung aus diesen Stoffen gießen.

frosthart bis in die Zweigspitzen erweisen und deshalb reich weiterblühen. Daneben wachsen oft Sorten, die nach solchen Wintern um das oberste Drittel zurückfrieren und sich erst langsam mit vereinzelten Blütendolden erholen. Niemals aber hat man gehört, dass die Baumschulen auf jenen siegreichen Sorten aufbauen und voll hartes Hortensienmaterial bereithielten. Die Gartenfreunde beziehen also fast alle Hortensien nur auf dem Wege über die Blumenläden.

Der Kap-Bleistrauch, *Plumbago auriculata*, hat ein wundersames Blau, wie es sonst in der Welt nicht vorkommt. Er wird gern als Hochstamm in Kübeln gezogen und frostfrei ebenso bequem durchwintert wie der Oleander. Auch er verträgt Halbschatten und liebt die Nähe von Fuchsien, Hortensien, Oleander und *Agapanthus*. Der Flor geht durch Monate.

Als blauer Strauch ist auch das prachtvolle Zwerggehölz *Moltkia petraea* zu nennen, das nach 40 bis 50 Jahren am alten Gartenplatz erst kniehohe, graugrüne Gestalten formt, aus denen das reinste Blau vorbricht.

Es ist hier noch als blau blühendes Gehölz die Glyzinie, also die *Wisteria sinensis*, zu nennen, deren Verwendung an hellen Wänden bekannt ist. Ob sie unter dem Begriff »Blau« einzuordnen ist, darüber kann man verschiedener Meinung sein; aber es fällt uns schwer, das Göttergeschenk in diesem Buch totzuschweigen. Bei Hausberankungen mit *Wisteria* hindere man pedantische Pfleger nach Erstarken der Pflanzen am flachen Anbinden, – lasse ruhig die waagerechten, meterlangen, blütenbehangenen Zweige aus der Wand herausragen. Die Baumschulen halten die Glyzinien vielfach auch als eine Art Hochstamm bereit, der mit wenig Schnitt in Form zu halten ist und prachtvolle Verwendung etwa an einander gegenüberliegenden Rabattenenden findet. Den wunderbaren Duft vergisst man dieser schönen Pflanze zu danken, so wie man wohl schönen Menschen noch ganz andere Eigenschaften und Werte anzurechnen vergisst.

Damit sind die blauen Gehölze aufgezählt; denn ein Übergreifen in die Buddlejen[9] führt schon zu weit.

Wir dürfen uns nun ins blaue Reich winterhart ausdauernder Blütenstauden und auch Blumenzwiebelstauden begeben. Das erstere mag wohl 150 Arten umfassen, während das zweite mehr als 50 Hauptarten und Sorten liefert. Dem gegenüber umfasst das Einjahrsblumenreich und Zweijahrsblumenreich wohl 60 bis 80 bedeutsame Arten und Züchtungen. Die Zahlen schwanken, da erstens immer mancherlei Neues hinzukommt, zweitens die Frage auch ein wenig offen bleibt, wie weit man blaulilafarbene Blütengewächse noch einzubeziehen gedenkt.

9 Auch bei *Buddleja davidii* gibt es inzwischen Verbesserungen, wie z. B. die Sorte 'Nanho Blue', die zwar kein reines Blau aber doch ein Violettblau besitzen.

Denkbar vielseitig sind in Gärten aller Art wirksame Darstellungsmöglichkeiten für die großen blauen Staudengewächse wie Iris, Lupinen, Rittersporn und *Anchusa*. Als reizvollste Gartenplätze für blaue Schwertlilien und auch die blaue Wiesen-Iris sind natürlich Ufergärten jeder Größe und Stilart zu bezeichnen. Man hat jetzt in ganz neuer Tonart von blauen Irisfarben zu reden – denn jetzt erst wartet eine große Anzahl in reinem Blau, und zwar in vielen, oft unbeschreibbaren Stufungen. Der »Blaue Schatz der Gärten« hat hier eine der auffallendsten Bereicherungen neuerer Zeit erfahren. Auch ist auf dem Gebiet der Wiesen-Iris, genannt *Iris sibirica*, verstärktes blaues Leben eingekehrt. Wir nennen diese beiden Typen der Iris immer gern zusammen, weil zum Beispiel eine leichte und lose Durchpflanzung der *Barbata*[10] mit einigen *Sibirica*, ganz besonders mit Sorten von aufrecht buschigem Blätterwuchs als leicht rhythmische Einsprengung in *Barbata*-Säume, diesen über die nachsommerliche Unschönheit gelber Blattspitzen hinweghilft, die übrigens nur manche Iris-Sorten betrifft.

In unsern Kalenderlisten ist das Stärkste namhaft gemacht. Aber auch im Reich der *Iris ensata* sollen neue, verbesserte Farben erzüchtet sein, von denen wir in dieser Buchauflage noch keine Nachricht geben können, zumal hierbei auch neue Züchtungen von dreifach verlängerter Blütezeit durchgeprüft sein müssen[11].

Es gibt zahllose Ufergärten, in denen man mit einer ganz regelmäßigen und rhythmischen Verteilung farbiger früh- oder spätblühender Irishorste zu viel stärkerer Wirkung gelangt als bei zwangloser Pflanzung. Letztere passt natürlich in naturhafte Gestaltungen und folgt hierbei wirkungsvollen Gesetzen des goldenen Schnitts, während regelmäßige Gartenteile von der Symmetrie und dem »Rhythmus in veränderter Wiederholung« beherrscht werden. Schönste Nachbarn und Gegenspieler blauer Iris sind weiße und gelbe Iris, weiße *Thalictrum*, *Trollius* und frühe *Hemerocallis*. Aber als Bassklang zu all dieser hellen Augenmusik brauchen wir die Mitwirkung schwarzblauer Iris, deren wahre Entfaltung ja auch verhältnismäßig neuen Zeiten angehört. Man pflanze Iris immer in schmalen Horsten, nicht in breiten Flächen, weil sie sich sonst später gegenseitig bedrängen.

Als Gegenfarben zur Hebung der blauen Irisreize wären unzählige neue und nie geahnte Irisfarben zu nennen. Erstaunliche Bereiche nie gese-

10 Gemeint ist *Iris barbata*, die Bart-Iris, botanisch auch als *I. germanica* bezeichnet. Es handelt sich um eine in Gartenkultur entstandene Art. An ihrer Entstehung waren unterschiedliche Wildformen beteiligt. Sie kommt auch verwildert v. a. in Südeuropa vor.

11 *Iris ensata* (früher *I. kaempfferi*) und ihre Sorten haben nicht die Popularität bekommen, die Foerster erwartet hatte – wahrscheinlich weil ihre Kultur doch schwieriger ist, als man damals glaubte.

hener Farben sind ja aufgetan, durch die wir zum ersten Mal wartender Empfänglichkeit unseres Innern bewusst werden. Es handelt sich also um ein doppeltes Besitzergreifen. Beim Anblick dieser kühnen Schönheitsvorstöße und Vollendungen reckt sich auch im Betrachter etwas zu voller Höhe, – aus dem Lebensgefühl nicht mehr wegzudenken. Es sind hier geheimnisvolle »pflanzliche Persönlichkeiten« im Spiel, denen undurchdringliche und wunderlich imponierende Wirkungen innewohnen. Im Edelsteinreich sind uns fast alle Farben und Arten und Verwendungsmöglichkeiten bekannt – aber im lebenden Reich der Iris-Edelsteine werden immer mehr neue Edelsteinarten entdeckt in nie gesehenen blauen, hellblauen, mondscheinblauen, schwarzblauen, goldbraunen, glühend rotbraunen, flamingorosafarbenen und weißen Tönen, ja auch in opalisierenden und schokoladebraunen Farben, die der Welt noch verblüffend neu sind und weit über Edelsteinkräfte hinaus umso schönere Wechselspiele mit Wetterstimmung, Beleuchtung, Atmosphäre, Tages- und Jahreszeit beginnen, je schöner und großartiger sie sind. Es entstehen unvergessbare Verschwisterungen der Blume mit ganz anderen Sphären. Das glaubt man zu spüren, wenn in goldgrüner Abenddämmerung eine gerade noch sichtbare Gruppe weißer, fast brusthoher Iris ihren feuchten Hauch herübersendet, der die Seele des Abends eins werden lässt mit dem duftenden weißen Geleuchte.

Welche Kraft bietet solche bunte Versammlung hoch edler Blütenschätze, eine taublitzende frühe Morgenstunde auszuschöpfen!

Aber welche Fülle ernüchternder Fehler jeder Art konnte im Laufe erstaunlich langer Zeitläufe auch diesen Blütengewächsen mühsam abgewöhnt werden. Doch noch lange treiben sich in Gärten und Verzeichnissen Irissorten herum, deren Domblätter bei Hitze klaffen oder vom Regen flach gedrückt werden, deren Stiele im Regensturm schräg liegen oder deren untere Blütenblätter sich oft unter der Schürze verstecken, besonders, wenn sie zu kurz sind im Vergleich zum Domblatt. Wie lange musste allein um wahrhaft blaue Irisfarben gerungen werden, die eben weit über das Lilablau hinausgegriffen und nun dem großen Spiel der Buntheit eine so entscheidend wichtige Würze geben.

Die Blütezeit der schönsten Iris rückt langsam immer weiter vorwärts in tiefe Juniwochen und auch zurück in frühere Maiwochen. Dies bedeutet in einer seiner Endwirkungen, dass der Frühling uns auch in unserem ganzen Zeitgefühl für das Erlebnis und auch das Gedächtnis ein immer mächtigeres Phänomen wird.

Im Reich der Staudenlupinen steht die Entfaltung reinblauer Farbensorten insofern noch in ihren Anfängen, als die Erprobung jener Sorten, die auch »schöne Verblüher« sind, erst neuerlich bis zur Aufstellung völlig winterharter Qualitäten vorgerückt ist, die auch im weniger milden Deutschland sicher aushalten. Die lange und wiederholte Blütezeit dieser groß und üppig werdenden Staudenbüsche und auch ihre leichte Vermehrbarkeit in echten Sorten wird diese Staude zu einer Fülle bester und verlässlichster Sorten emporführen, in denen dunkel- und hellblaue Farben eine entsprechende Rolle spielen. Wir sahen oft Lupinenbüsche im achten Jahr nach der Pflanzung an altem, mäßig gutem Gartenplatz noch in voller Kraft (es war die herrliche blassgelbe 'Ada'[12]). Unzählige, anfangs imponierende Sämlinge schieden wieder aus, weil sie hässlich verblühten oder im Spätsommer bei Dürre einen so misslichen Anblick boten, dass sie zurückgeschnitten werden mussten. Aber zweifellos steht der Lupine eine viel glänzendere Zukunft bevor, als wir es ihr in früheren Zeiten zutrauten[13].

Noch vor dem Rittersporn entfaltet sich das Blau der großen Anchusen, die wir merkwürdigerweise noch gar nicht in deutschen Sorten pflanzen können und infolgedessen auf Sorten aus golfstromverwöhnten Veredelungsländern angewiesen sind. Es kommt also darauf an, zunächst sich mit mäßiger Winterdecke zu behelfen, bis dereinst die Zuchtarbeit vollharte Anchusen heraufgeführt haben wird, was sicher zu erwarten ist. Die südländische Herkunft der Anchusen darf uns aber nicht beirren, denn es gibt ja genug harte, hoch geschätzte Stauden aus südlichen und südöstlichen Ländern. Vorläufig reicht dieselbe kleine Winterdecke wie bei *Anemone hupehensis*. Das Blau der Anchusen passt zur gleichzeitigen Feuermohnblüte, aber bei den Lupinen soll man blaue und weiße Sorten auswählen, weil manches Lupinenrosa sich mit dem Feuermohn nicht versteht – höchstens mit dem rosa Feuermohn. Viel gutes Blau rettet auch hier vor allerlei Gefahren. Die Verwendung all dieser Stauden in städtischen Anlagen großen Stils, in Parks, in der Wildnisgartenkunst und der strengen Gartenkunst findet ungekannte, großartige Anwendungsmöglichkeiten, die durch immer neue Nachbarn unterstützt werden.

12 Die Sorte ist nicht mehr erhältlich.

13 Foerster hat in den 50er und 60er Jahren fast 20 Sorten von Lupinen selektiert, von denen aber keine einzige mehr erhältlich ist. Die vegetative Vermehrung hat sich als zu aufwändig für die eher kurzlebigen Pflanzen herausgestellt. Deshalb werden Lupinen heute nur als generativ vermehrte Samensorten angeboten.

Zur gärtnerischen und Gartenbehandlung blauer Blütengewächse

Karl Foerster

Es sind zu unterscheiden:

1. Sträucher und ausdauernde Klettergehölze, auch solche für Kübel,
2. winterhart ausdauernde Stauden,
3. winterhart ausdauernde Blumenzwiebelstauden,
4. Einjahrsblumen, die im Freien an Ort und Stelle gesät werden,
5. Einjahrsblumen, die geschützt herangezogen werden,
6. Zweijahrsblumen, gleichfalls für Aussaat an Ort und Stelle,
7. Kübelpflanzen.

1. Die Gehölze mit loser Wurzel oder mit Erdwurzelballen werden am besten zwischen Mitte März und Mitte April gepflanzt – im Herbst in der zweiten Oktoberhälfte. Solche mit festem Topfwurzelballen wie großblumige *Clematis* oder der Zwergstrauch *Moltkia petraea* können jederzeit gesetzt werden, vom Aprilbeginn bis in den September. Bei Herbstpflanzung erhalten diese *Clematis* im ersten Winter Bodenschutz. Man pflanzt sie 5 bis 10 cm tiefer als üblich, und zwar womöglich leicht halbschattig, aber in wurzelfreiem Boden. In sonniger Lage schützt man die Wurzelumgebung gegen die Sonnenstrahlen mit hoch gelegten Steinplatten oder flach wurzelnder Umpflanzung. Pralle Sonnenplätze sind zu vermeiden, besonders im deutschen Kontinentalklima.

Moltkia erhält bei später Pflanzung im ersten Winter nach Herbstpflanzung Schutz durch Nadelholzzweige. Dann kann man sie 30 Jahre sich selbst überlassen.

Als blau blühende Gehölze kommen ja eigentlich nur die blaulila blühenden Glyzinen infrage, die man auch gern mit festen Topfballen setzt, doch auch erfolgreich mit loser Wurzel pflanzen kann.

Hydrangea macrophylla, die Gartenhortensie, und die blaue Strauch-Bleiwurz Südafrikas, *Plumbago auriculata*, werden gerne auch als Kübelpflanzen verwendet und in diesem Fall wie Oleander im Keller durchwintert. Aber beide vertragen ebenso die Pflanzung in freier Erde, wobei jedoch die Kap-Bleiwurz frostfrei gehalten werden muss. Über die Fragen der züchterischen Aushärtung der Hortensien und die Beseitigung aller nicht bis in die Zweigspitzen winterfesten Typen, so weit es sich um Freiland-Hortensien handelt, wird an anderer Stelle des Buches gesprochen.

2. Winterhart ausdauernde Blütenstauden werden am besten zwischen Ende März und Ende April oder zwischen Anfang September und Ende Oktober gepflanzt und brauchen im ersten Winter nach Herbstpflanzung eine Schutzdecke, die beim trockenen Froststurm am Wegfliegen durch Stroh, Spargelkraut oder Reisig verhindert wird. Alle Immergrünen jedoch werden luftig mit trockenem Stoff gedeckt, am besten mit Nadelholzreisig, Heidekraut, losem Stroh. Den Wunsch nach dieser Art Deckung hat auch das Reich der Gartenchrysanthemen. Über die ungeheure Erfahrungswelt der Staudenbehandlung in Gärten und Gärtnereien haben unsere Bücher sich genügend ausgesprochen und zahllose Grundtatsachen auch in einer Zeichensprache klar übermittelt. Hier wie überall enthalten oft kurze Weisungen die Ergebnisse jahrzehntelanger Beobachtungen und

ersparen den Lesern vor allem auch Hemmungen vor eingebildeten Schwierigkeiten.

3. Winterhart ausdauernde Blumenzwiebeln werden von August bis Mitte Oktober gelegt, doch auch späteres Legen, sogar bis Ende Dezember, führt zum Ziel, wenn die empfindlicheren unter ihnen im ersten Winter genügende Schutzdeckung erfahren. Bei Pflanzung nach Mitte September lässt man die Zwiebeln ein paar Tage in feuchtem Sand aufquellen. Nach der Blüte soll das Laub vergilben, ehe es weggeschnitten wird. Unzählige unserer blau blühenden Blumenzwiebeln halten ohne Ende im Garten aus. Viele säen sich auch weiter aus, wenn man den Boden ringsum nicht beunruhigt und mit dem Unkrautjäten etwas vorsichtig verfährt.

Tulpen vertragen Sonne und Halbschatten, Hyazinthen und Krokus lieben nur volle Sonne, ebenso auch die meisten Narzissen, sie alle blühen dort an ihren alten Plätzen unvorstellbar lange weiter, während sie im Schatten und Halbschatten nach ein paar Jahren nur noch grüne Schöpfe bilden. Wir haben ein ganzes Buch, nämlich das »Blumenzwiebelbuch«[14], mit Erfahrungen und Bildern gefüllt. Der Flur blau blühender Blumenzwiebeln gehört bis auf die *Iris × hollandica* und *I. latifolia* dem Gartenvorfrühling an, dessen umfassende Tabellenübersicht im Buch »Neuer Glanz des Gartenjahrs«[15] enthalten ist.

4. Einjahrsblumen werden im Frühling gesät, gewöhnlich in zweiter Aprilhälfte, aber noch den Mai hindurch. Manche von ihnen können auch durch Sommeraussaat sehr willkommenen Spätflor entfalten. Alle hier genannten Einjahresblumen, bis auf die Lobelien, können an Ort und Stelle ausgesät werden. Die schönste aller blauen Einjahrsblumen ist die Riesenwinde, *Ipomoea tricolor* 'Heavenly Blue'[16] über deren Heranzucht sich der Text neben dem Farbenbild näher ergeht.

5. Also nur die Lobelien werden unter leicht beschattetem Glas ausgesät. Auch im halbschattigen Freilandbeet kann man Glück dabei haben. Das beschriebene Herausstechen kleiner Erdwürfelchen aus dem willig keimenden Sämlingspelz geschieht ab Mitte Mai. Lässt der Flor im Spätsommer nach, so werden die Kissen zurückgestutzt und mit etwas flüssigem Dünger zu erneutem Blühen angeregt.

6. Die blau blühenden Zweijahrsblumen bringen uns schon im April und Mai einen leicht zu erzielenden Massenflor edler blauer Farben. Die Aussaat erfolgt möglichst im Anfang Juni. Die immer reich keimenden Sämlinge, die man anfangs gegen Dürre schützt, werden ab Mitte oder Ende August an Ort und Stelle gesetzt. Nur in rauhesten Lagen deckt man

14 Karl Foerster (1939): Das Blumenzwiebelbuch. Glanz- und Gartenleben der winterharten Blumenzwiebel- und Knollengewächse in ihrem Flor von Vorfrühling bis Spätherbst. Berlin und Bern: Verlag der Gartenschönheit; heute nur noch antiquarisch erhältlich.

15 Karl Foerster (1952): Neuer Glanz des Gartenjahres. Bilder, Berichte und Erfahrungs-Tabellen aus dem Leben der winterhart ausdauernden Gewächse des Gartens. Radebeul und Berlin: Neumann Verlag; mehrere Auflagen bis 1991; heute vergriffen und nur noch antiquarisch erhältlich.

16 In deutschen Katalogen auch als *I. tricolor* 'Himmelblau' aufgeführt.

ein wenig mit losem Stroh, Spargelkraut oder Staudenresten. Die Pflanzen vertragen auch im Frühjahr ohne weiteres die Verpflanzung.

Dem Vergissmeinnicht, *Myosotis sylvatica*, nicht zu verwechseln mit dem Stauden-Vergissmeinnicht, darf man zwei besondere »Leistungen« nie vergessen, nämlich die Farbe der Züchtung 'Blauer Korb', die ein so wunderbares Blau zeigt wie der Himmelsherold, und die Größenentfaltung der Züchtung 'Blaues Wunder', des Riesenvergissmeinnichts mit 1 cm großen Blüten auf 40 cm hohen Büschchen[17].

Nun tritt zum Gartenreich die Zweijahrsblume *Meconopsis betonicifolia*, der blaue Schattenmohn, hinzu, der erst im Frühsommer blüht und ebenso schnell und reichlich heranzuziehen ist wie die übrigen Zweijahrsblumen[18].

Viola × wittrockiana, das Stiefmütterchen, steht in vielen Sorten noch vor *Myosotis* in Flor. Seine blauesten Augen schlägt es jedoch nur in wenigen Sorten auf. Sein Flor beginnt oft schon im Herbst oder in milden Winterzeiten.

7. Eine Dankbare und unentbehrliche blaue Kübelpflanze ist *Agapanthus praecox*, die Blaulilie, in ihren blauen und weißen Formen und ihrer enorm gesteigerten Riesenform 'Gigant'[19]. Die Hortensien gedeihen ja auch als Kübelpflanzen so ausgezeichnet, dass ihnen mancher ihrer Freilandfähigkeit vergisst.

Plumbago auriculatus, die Kap-Bleiwurz Südafrikas, wirkt bei uns am erfreulichsten als Hochstämmchen und findet kein Ende des Blühens in einem Blau, das keine andere Blume und auch wohl kein Tier aufweist. Die Kellerdurchwinterung leidlich nahe am Fenster erfolgt so sicher wie beim Oleander, den man ja auch im Keller mit Leichtigkeit vor eigentlicher Erdtrockenheit behütet. Vom *Agapanthus* ist noch zu berichten, dass er als alte Pflanze auf Dauer Holzkübel höher schätzt als Tonkübel.

17 Eine Züchtung mit dem Namen 'Blauer Korb' ist noch heute erhältlich, eine Sorte 'Blaues Wunder' ist heute nicht mehr im Handel.

18 Die Kultur von *Meconopsis betonicifolia*, dem blauen Scheinmohn, der übrigens durchaus mehrjährig wächst und somit auch als Staude gelten kann, hat sich leider als nicht ganz so einfach herausgestellt wie von Foerster beschrieben.

19 Eine solche Sorte ist heute nicht mehr nachweisbar.

Rittersporn-Zuchtfragen

Karl Foerster

Herkunft

Delphinium elatum, der eigentliche Vater der *Delphinium*-Hybriden – des hohen, ausdauernden Rittersporns der Gärten – stammt hauptsächlich aus den Ostalpen, den Zentralalpen, dem Riesengebirge, den Pyrenäen, ganz Sibirien und Zentralasien.

Die Pflanze wandert und ist zu unseren Lebzeiten in der Schweiz um ein bis zwei Kantone nordwärts gerückt. Dort wächst er zusammen mit Eisenhut, Weidenröschen und Waldschmiele[20]. Er wurde 1868 entdeckt, und zwar in Nordtirol. In niedrigen Gebirgen lebt er mit Silberranunkel, Waldgeranium und Gemswurz[21] zusammen. Die günstigste Höhe ist 1500 bis 2000 Meter.

20 *Aconitum* div. spec., *Epilobium angustifolium* und *Deschampsia cespitosa*.

21 Gemeint sind vermutlich weiß blühender Hahnenfuß (z. B. *Ranunculus aconitifolius* oder *R. plantanifolius*), *Geranium sylvaticum* und *Doronicum austriacum*.

An der Entstehung der Gartenrittersporne sind sonst noch *Delphinium huetianum* beteiligt, vor allem aber *Delphinium grandiflorum* aus Sibirien und auch *Delphinium tatsienense,* dem sie besonders schöne Azurtöne verdanken.

Im Allgemeinen stammen die dunklen Töne mehr von *Delphinium elatum* und die hellen von *grandiflorum*. Eine tiefe Verwandlung geschah durch die Kreuzung der hohen Gartenrittersporne mit dem feinen, schlitzblättrigen, niedrigen *tatsiense*. So entstand die Belladonna-Gruppe, welche uns lange in Atem hielt, bis wir den Mehltau dieser Pflanzengruppe satt hatten, der nur ganz wenige Sorten mehr oder weniger verschont. Immerhin mag man sich vorläufig aus mancherlei Gründen noch nicht ganz von *Belladonna*-Sorten wie 'Widukind', 'Tancred' und 'Blautanne' trennen [22].

Westeuropa und Süddeutschland begannen im letzten Drittel des 19. Jahrhunderts mit der Veredlungsarbeit am hohen *Delphinium elatum*. Erst in 20. Jahrhundert kamen norddeutsche Arbeiten dazu mit dem ganz besonderen Ziel der Mehltaufreiheit und der Schaffung reinblauer, straffwüchsiger Züchtungen von guter Verpflanzbarkeit. Es handelt sich also hier darum, ausgesprochene *Gebrauchssorten* für den Garten zu züchten.

Die deutschen Arbeiten am Rittersporn im genannten Sinne gehen auch jetzt mit wachsenden Erfolgen weiter und führen nebenbei auch eine Anzahl immer stark wüchsigerer Sorten herauf. Wie sich aber all diese deutschen Ritterspornsorten jetzt um die Jahrhundertmitte zu dem verhalten, was an brauchbaren, schönen und großartigen Sorten im Auslande geschaffen ist und wie sich diese in deutschen Gartenverhältnissen verhalten mögen, wissen wir jetzt noch nicht zu beurteilen. Hierzu gehören noch Jahre des Austausches und der Beobachtung. Wir dürfen uns in unserem Urteil hierüber auch nicht durch eine größere Anzahl von Misserfahrungen mit Rittersporen kalifornischer Herkunft beirren lassen, sondern müssen neben den neuesten, besten englischen Züchtungen auch Ritterspornresultate aus Gegenden wie Illinois zur Erprobung heranziehen, weil dort die Klima- und Strahlungsverhältnisse völlig andere sind als in Kalifornien. Mit den blauen und lilafarbenen Kaliforniern machten wir hier im Lauf langer Jahre die Erfahrung, dass die Pflanzen vom zweiten und dritten Jahr ab in Winter oder Sommer halb oder ganz verfaulten und dann verschwanden. Nur unter der weißen Rasse blieben einige Exemp-

22 Die von Foerster angegebenen Sorten sind nicht mehr im Handel erhältlich. Wegen ihres verzweigten Aufbaus und den zahlreichen Blüten werden *Belladonna*-Hybriden wie 'Kleine Nachtmusik' (Foerster 1964), 'Piccolo', 'Ballkleid' und 'Atlantis' (Bornimer Staudenkulturen) oder 'Völkerfrieden' aber immer noch als gartenwürdig erachtet.

lare langjährig in guter Verfassung, so dass zweifellos auf diesen Stämmen weiter gearbeitet werden kann, die sich auf so merkwürdige Art von den blauen unterschieden. Die ausländischen *Delphinium*-Gesellschaften mit ihrem großen fotografischen Publikationsmaterial geben uns eine Fülle bedeutsamer Adressen an die Hand. Selbstverständlich werden sich alle ernsthaften Züchter in jeder Weise um die Höherentfaltung der blauen Farbenreiche bemühen, ohne dabei eigene, lang erprobte Zuchtstämme zu vernachlässigen, die ja mit so unermüdlicher Gutwilligkeit gleichfalls große Überraschungen der Schönheit *und* der Kraft bauen.

Einzelerfahrungen und Beobachtungen

am Rittersporn sollen in Folgendem ausgebreitet sein, da dieser ja einen Grundstock des blauen Gartenflors bildet.

Wir müssen 1. alljährlich an vielen Stellen mit immer größeren Massen gekreuzter oder spontaner Sämlinge Fragen an die Natur stellen, um keine Zeit zu verlieren, 2. uns, wie gesagt, jenseits der Grenzen umtun, 3. viel mehr wilde Ritterspornarten, deren es 2- bis 300 gibt, in das Gewebe der Kreuzungen mit einbeziehen, und 4. mit einer viel größeren und planvolleren Gründlichkeit der Beobachtung unser Material auf seine Dauer und Widerstandskräfte durchsichten. Wir dürfen uns nicht damit beruhigen, dass bestimmten Sorten eine weit überlegenere Kraft der Nachhaltigkeit ihrer Vegetationsentwicklung innewohnt, die sich auf das Drei- bis Vierfache der großartigsten Aushaltsamkeit und Leistung steigern kann, sondern müssen alle besonderen Eigenschaften nach genauem Programm höher entwickeln. Da dies alles aber zum Teil die Kräfte der einzelnen Zuchtanstalten übersteigt, so haben wir selbstverständlich für die Schaffung von Gemeinschaftsgärten Sorge zu tragen, in denen die Sichtungsarbeiten unter Einbeziehung alles wichtigsten Materials von neutraler Hand auf lange Sicht geleitet werden. Diese Gärten haben ja auch die andere große Aufgabe, Hochzuchten unserer Gartenzone auf dem Gebiet der Dauerpflanzen in ausgewachsenem Zustande Millionen von Besuchern zugänglich zu machen. Sie werden dereinst die meistbesuchten aller Gärten werden, und man wird nachträglich staunen, wie spät, wie unvollständig und wie zögernd die großen Gartenbauausstellungen uns dies Grundgerüst unserer feinsten Schönheitsfreuden im Garten vor Augen führten! Die Flächen, welche vom Reich der Stauden, der Blumenzwiebelstauden, Zwerggehölze, Farne, Gräser und der Feingehölze für die Ausbreitung der höchsten Schätze auf die Dauer benötigt

werden, verblüffen immer wieder durch ihre erstaunliche Kleinheit, auch wenn man für breite Zwischenwege Sorge trägt.

Das große Fangballspiel der Zuchtarbeit über Grenzen und Meere hinweg wird unaufhaltsam immer mehr ins Große wachsen und weiterhin schönere und wirkungsvollere Bande zwischen Menschen und Menschengruppen verschiedener Weltgegenden knüpfen, um an seinem wundersamen Teil dabei zu helfen, dass alle diese Menschenwelten einander hierdurch näher gebracht werden.

Alljährlich treten auch für Kenner neue Überraschungen hinzu. Es sind immer wieder verblüffende Erkenntnisse an diesem nervösen, wunderlich in die Umwelt witternden, wandlungsfähigen, gutmütigen und unverwüstlichen und nur unter bestimmten Umständen und Behandlungen kapriziösen und widerspenstigen blauen Geschöpf festzulegen.

Wie beim Phlox kennen die Züchter ihre eigenen Züchtungen nie in allen ihren Eigenschaften, nicht einmal im Verhalten zum eigenen Garten, geschweige denn zu fremden Böden und Klimaten.

Die Zeit der Erprobung neuer Züchtungen erstreckt sich hier naturgemäß über viel längere Zeiten, da ja auch die Vorbereitung der für die Weltverbreitung nötigen Quantitäten längere Jahre in Anspruch nimmt als bei anderen Pflanzen, ausgenommen bei der Päonie. Nie wiederholt sich in der Zuchtarbeit das Zustandekommen der gleichen »Pflanzenpersönlichkeit«. Jede hat ihre unwiederholbaren Eigenschaftskomplexe, ihre liebenswerten Einmaligkeiten – und jede Rittersspornpflanze entwickelt sich am alten und an jedem neuen Gartenplatz und in jedem Jahre irgendwie anders, als man vorher dachte.

Es galt, dieser Pflanze eine Menge ihrer natürlichen Fehler gründlich abzugewöhnen, von denen wir einige namhaft machen wollen, die wir teilweise mit humoristischen Namen belegten:

Die Strohfeuersorten Gemeint sind Pflanzen, die sich in den ersten zwei bis drei Jahren besonders stürmisch entwickelten, dann aber ganz plötzlich im nächsten Jahr kleinlaut wurden und nur schwache, zierliche Triebe hervorbrachten. Manchmal, aber keineswegs immer, ergab sich ein größerer Fäulnisherd im Pflanzenstock; diese Strohfeuersorten wurden entfernt, da es sich nicht um zufällige Erscheinungen, sondern um Eigenschaften handelte.

Die Sonnenrunzler Aus feuchtigkeitsverwöhnten Geburtsländern kamen zuweilen Ritterspornzüchtungen, die bei uns in Zeiten großer Sonnenhitze auf der Südseite etwas runzlig verkochten – selbstverständlich zur Kompostbereitung empfohlen.

Die Lückenrispler Manche Probepflanzen hatten es alljährlich an sich, ihre Rispen mit leeren Stellen zu unterbrechen, was unverhältnismäßig störte. Alles Abwarten auf Überwindung solcher Mängel ist vergeblich.

Die Frostgefährdeten Sie brachten ihre Empfindlichkeit aus verwöhnten Ländern mit und wiesen dann gern unberechenbare Lücken in den Pflanzungen auf, wobei es oft im Anfang lange dauerte, ehe man den Grund solcher Lücken fand, die eben nur nach schwersten Wintern auftraten. Bei dieser Gelegenheit soll aber daran erinnert werden, dass die verwöhnenden Länder oft auch Züchtungen liefern, die an Widerstandskraft den unseren sogar überlegen sind. Man denke zum Beispiel an die enorm stark wüchsigen roten Sonnenhüte, genannt 'The King' und 'Earliest of All'[23], die beide fast brusthoch wuchsen und ohne jede Lücke und Einbuße durchwinterten, während heimische *Echinacea purpurea*-Züchtungen in schwersten Wintern teilweise versagten. Auch das *Helianthemum* 'Golden Queen' ist solch Winterheld trotz verwöhnter Herkunft.

23 'The King' ist als Sorte noch lieferbar, 'Earliest of All' ist nicht mehr im Handel erhältlich.

Die Rostkranken Einige wenige *Delphinium*-Sorten zeigen nach jahrelangem Wohlverhalten plötzlich bei halbschattiger Pflanzung, die oft unvermeidlich, einen durchscheinenden, dumpfgelben Blattrost, welcher durchaus unangenehm und störend wirkt. Da diese Anfälligkeit ziemlich selten ist, kann man solche Sorten, wie zum Beispiel 'Miss Brunton' oder 'Ernst von Borsig'[24], getrost fallen lassen, oder man muss sie sonnig und unbeengt platzieren.

24 Diese Sorten wurden tatsächlich fallen gelassen! Sie sind nicht mehr im Handel erhältlich.

Die hässlichen Verblüher Das Fallenlassen der unteren, ältest aufgeblühten Blumen an einer Rispe, die noch keineswegs voll aufgeblüht war, beeinträchtigte in vielen früheren Züchtungen den Eindruck ungemein. Die Zuchtarbeiten haben sich nicht nur dabei beruhigt, den Fehler abzustellen, sondern sind auf dem Wege, Sorten aufzubauen, deren erste und unterste Blüten zusammen mit der ganzen Rispe so lange Form und Farbe halten, dass die Gesamtwirkung hierdurch oft um mehr als zehn Tage verlängert wird.

Die Geizhälse Manche Züchtungen bringen trotz vieler Verdienste auch auf die Dauer eine zu geringe Anzahl von Blütenstielen, was auch durch besseren Bodenplatz nicht abzustellen ist.

Die Wegelagerer Eine Ritterspornpflanze, die über die nötige Kraft und Straffheit des Aufbaus verfügt und rechtzeitig einen Schnurhalfter erhält, welcher den ganzen Busch ein wenig zusammenzieht und von den Blättern sehr schnell überwachsen und bedeckt wird, muss ohne Stütze dem Regensturm widerstehen. Nur ganz wenige Bergklimate oder Küstengegenden nötigen uns, innerhalb des Halfters noch einen Stützstab in den Boden zu treiben, der gleichfalls vom Pflanzengerüst halbwegs verdeckt wird. Wegen der Weichheit des Baus fallen unbrauchbare Pflanzen schon früh auseinander und lagern mit ihren Knien teilweise am Boden, noch ehe die Zeit des Schnurhalfters gekommen ist, wobei sie dann noch in hässlichen Verbiegungen blühen. Natürlich darf man bei all diesen Beobachtungen sich nicht zu sehr auf die Eindrücke des ersten Jahres nach der Pflanzung stützen, weil ja vom *zweiten* Jahr ab die Staude überhaupt erst beginnt, ihre wahren Sortenwerte zu erweisen.

Die Müllerburschen Die Beseitigung des Mehltaus hat sich als züchterisch vollkommen möglich erwiesen und zeigt ihre Wichtigkeit nicht nur im Sommerflor, sondern ist sehr oft entscheidend wichtig für das gute Zustandekommen der Nachblüte Ende August und September. Bei der Beurteilung der Mehltaufrage gilt es zu unterscheiden zwischen der Anfälligkeit einer Jungpflanze, deren gesamtes Blattwerk nahe über dem Boden steht, und der Widerstandskraft einer eingewachsenen Pflanze. Auch der Halbschatten spielt in Mehltaufragen eine besondere Rolle.

Mehltaubefallene Ritterspornpflanzen stören durch ihr morbides Aussehen oft eine ganze Rabatte, und es gibt nur ganz wenige Sorten, bei denen man wegen hervorragender Eigenschaften diese Misslichkeit in Kauf nimmt.

Die Kerzenknicker Sie lassen anfänglich nichts von dieser Untugend merken, und es gehört ein bestimmter stiller Regen dazu, um die Blütenrispen so stark mit Wasser anzufüllen, dass sie dicht unter der Rispe abknicken. Es bleibt nichts übrig als unnachsichtliche Entfernung solcher Pflanzen und Sorten, auch wenn sie noch so schöne andere Eigenschaften besitzen.

Es gehört zum Rüstzeug des Ritterspornfreundes, von all diesen langjährig überwundenen Klippen der Zuchtarbeit voll zu wissen. Von den Fäulnisgefahren der blauen kalifornischen *Delphinium* sprachen wir schon an anderer Stelle. Ähnliche Vorgänge sind uns in europäischen *Delphinium*-Schlägen nie vor Augen gekommen. Das Gelbwerden der Blätter einiger ganz weniger alten Züchtungen bei Hitze und Dürre liegt schon so weit in der Ritterspornhistorie zurück, dass es nicht näher erwähnt zu werden braucht.

Zur Behandlung der Einzelpflanze

Hier ist das Folgende zu berichten, was eben Rittersporn auf eine ganz besondere Weise angeht.

Die Bodenvorbereitung soll so kräftig wie möglich sein und mit einer Auflockerung von 2 Spaten Tiefe verbunden werden. Leichter Boden erhält womöglich Lehmzusatz, schwerer Boden wird durch kräftige Sand- und Torfmullbeigaben gebrochen und gelockert.

Die beste Pflanzzeit liegt in der zweiten März- und ersten Aprilhälfte, während im Herbst zweite September- und erste Oktoberhälfte am günstigsten sind. Bei der Verpflanzung zu anderer Zeit während der Vegetationsperiode, muss nach einem Rückschnitt auf 10 cm Länge der Sprossen, wenn nötig, gut für Bewässerung gesorgt werden, was in diesem Fall der Rittersporn besonders dankt.

Von der Sicherung des Rittersporns gegen rücksichtslose Winde und Regenstürme durch den Schnurhalfter ist bereits genug gesagt.

Der Rückschnitt der abgeblühten Pflanze erfolgt bis auf 10 cm Höhe, falls gleich nach dem Verblühen beabsichtigt. Lässt man jedoch die Triebe stehen bis zur Samenreife, dann wird der Rückschnitt nur in Höhe von 25 bis 30 cm vorgenommen, weil sonst das Kapillarwasser aus den hohlen Stängeln strömt, wodurch die Pflanze seltsamerweise geschwächt wird. Vergleichsstreifen zeigten bei diesen zu tief heruntergeschnittenen Pflanzen um ein Drittel geringeres Wachstum der zweiten Blüte und sogar bei der des nächsten Jahres.

Wer Unkraut jäten muss zwischen seinen Ritterspornpflanzen und gezwungen ist, auch die Queckenwurzeln herauszuholen, bemühe sich dennoch, nicht zu nahe an die Pflanze heranzugraben, oder er benutze hierbei eine Grabegabel und nicht den Spaten. Aber viel schädlicher als diese Beetbearbeitung in der zweiten Jahreshälfte ist das Durchgraben von Ritterspornbeeten und -pflanzungen im Frühling. Die Schwächung ist sehr merkwürdig, und man weiß nicht ganz, wie sie zu Stande kommt. Ganz besonders ist davon abzuraten, beim Graben oder beim Nachschütten mit guter, nährkräftiger Erde ein Einschütten der Pflanze vorzunehmen, weil ihr dies ebensosehr schadet wie etwa manchen Akeleisorten.

Wenn die Pflanzen alteingewachsen 3 bis 4 Jahre lang ohne Ernährungsnachhilfe an den alten Plätzen stehen und viele von ihnen, durchaus nicht alle, in ihrer Wachstumsenergie nachzulassen beginnen, hilft man

ihnen mit altverrottetem Dünger oder mit Düngererde und mit Kalkbeigaben. Aber dieser um die Pflanzen gebreitete Stoff wird nicht etwa tief eingegraben, sondern nur vorsichtig eingehackt.

Über die Fragen der Nachhaltigkeit aller Wachstumsenergie bei den einzelnen Sorten ist bereits an anderer Stelle näher gesprochen.

Hat man aus irgendeinem Grunde Rittersspornpflanzen in Knospe oder Blüte mit festen Erdwurzelballen versetzt, dann muss auf diese Exemplare in trockenen Zeiten mit eindringlicher Bewässerung geachtet werden, weil hier sonst erstaunlicherweise die einzige tödliche Gefahr auf die Pflanze lauert, während sie doch als alte oder junge Pflanze mit loser Wurzel versetzt, auch bei Bedrängung durch dürre Zeiten niemals und unter keinen Umständen eingeht. Diese Erfahrung machten wir einst, als wir 200 französische Probesorten, die in Knospen standen und von ihrem Platz weggeräumt werden mussten, mit solchen Erdballen verpflanzten, um die Entfaltung der Sorteneigentümlichkeiten zu erleben.

1

***Delphinium* Elatum-Hybride**
'Azurriese'[25]**,**
hellblauer Rittersporn
mannshoch
VI/VII, ○ ⊖ ◎ ❖ ✂
Die mannshohe Pflanze besitzt, wie man aus seinem zerschlitzten Blatt ersieht, einen kleinen Spritzer Belladonnablut, was ihm gut tut. Sie gab sich sozusagen selber den Namen, unterscheidet sich von dem inzwischen überholten Delphinium »Traumulus« der gleichen Farbe durch früheren, längeren Flor und die Fülle der Seitenrispen. Das Blau ist das fernhin leuchtendste Coelin.

2

***Delphinium* Elatum-Hybride**
'Perlmutterbaum',
helles Perlmutterblau
mannshoch
VI/VII, ○ ⊖ ◎ ❖ ✂
Als ganze Pflanze ist diese Sorte in jeder Weise völlig fehlerfrei, hat ein helles perlmuttriges Blau mit schwarzgrüner Mitte. Die lange Blütezeit wird durch die aufrecht stehenden, langen Nebenrispen noch fast mit dem Anschein des weitergehenden Vollflors verlängert. Nachbarschaft: *Phlox paniculata* 'Juliglut', glühend kirschroter Phlox.

3

***Delphinium* Elatum-Hybride**
'Tropennacht',
enzianblauer Rittersporn
hüfthoch bis brusthoch
VI/VII, ○ ⊖ ◎ ❖ ✂
Die enzianblaue Färbung dieses Rittersporns, der zur frühen Klasse gehört, rechtfertigt den Namen. Der herbstliche Nachflor ist im Blau verwandelt, in mancher Beziehung sogar schöner als zur Hauptblütezeit. Nachbarschaft: *Coreopsis*, Schöngesicht.

25 Von den hier abgebildeten Sorten existiert vermutlich nur noch die Sorte 'Perlmutterbaum'. Sie ist auch noch in guten Staudengärtnereien erhältlich.

1.
2.
3.
E.Bærtning

Gartenanwendung des Rittersporns

Karl Foerster

Rittersporn ist merkwürdig vielseitig im Garten verwendbar, sofern dort auch seine zeitweise störende Wirkung nach dem Abblühen und das Auf und Ab seiner Blütezeiten vertragen wird.

Der naturgegebene Landschaftshintergrund dieser Bergstaude ist die Fichte und Tanne. In Naturgartenpartien, also auch am Rande von Steingärten, kommen nur einfach blühende, nicht allzu gartenhafte Sorten in Betracht, am besten in reinem Hellblau und Azurblau. Gute Nachbarschaft halten andere Bergblumen, so die Mittsommermargerite, *Leucanthemum maximum* 'Juno'[26], die hüfthoch und straff wächst, sodann Feuerlilien, hohe weiße Glockenblumen, Königskerzen und auch gelber Felberich[27]. Aber auch Rosen im Wildartencharakter und von passender Blütezeit können bei dieser Aufzählung nicht ungenannt bleiben.

Außerhalb des Bereichs der Wildnisgartenkunst ist natürlich die Rose die eigentliche Partnerin des Rittersporns. Kein Rosarium ohne Rittersporn! Keine Rittersspornpflanzung im Großen ohne ausgewogene Rosennachbarschaft! Da es aber früh blühende und spät blühende Rittersporne wie auch frühe und späte Rosen jeder Art gibt, so ist hier der Erprobung und Dauererfahrung unter allen Umständen nicht nur ein weites, sondern unendliches Feld eröffnet, da ja auch immer neue Rosen und Rittersporne gesteigerter Eigenschaften hinzutreten. Dem Zusammenspiel von Rose und Rittersporn, das sich im nachsommerlichen Flor der beiden noch einmal wiederholt, soll man die Nachbarschaft raumentsprechender Nadelgehölze nicht versagen. Eine Menge von Nadelhölzern, die im Lauf mehrerer Jahrzehnte noch nicht einmal zimmerhoch werden, wartet auf Einlass in Gärten der mannigfachsten Art und wird hierbei auf unersetzliche Weise in die Feste des Gartenflors hineingezogen, trotz aller ernsten Anfangswirkungen.

In Staudenrabatten setzt man gern in rhythmischer Wiederholung zur Unterbrechung üppiger Phloxstreifen Rittersporn in Einzelpflanzen oder kleinen Gruppen. Als schönste frühe weiße Phloxe wählt man zur Nachbarschaft die Sorten 'Buchner' und 'Schneeberg'[28].

Einen der schönsten Hintergründe im kleinen oder großen Garten findet Rittersporn auch in den frühen und späten Sorten des Edel-Jasmins,

Philadelphus. Wer ihm noch eine lange wirksame weiße Blütenfarbe zu Füßen breiten will, setzt ein paar Pflanzen von *Erigeron speciosus* 'Sommerneuschnee'. Auch sein Nachflor im September wird wiederum vom Nachflor dieser kniehohen weißen Büsche begleitet.

Kaum eine Maßregel wird der Verbreitung des Rittersporns in Gärten aller Art so nützlich werden wie das Wissen um eine leichte und bequeme, dabei völlig sichere Massenheranzucht aus frischem Samen, die von jedermann leicht durchgeführt werden kann, auch wenn er keinerlei besondere Einrichtungen für Pflanzenheranzucht besitzt.

Man macht an sonniger Stelle des Gartens eine 10 cm tiefe Grube mit schräg geklopften Rändern, und zwar etwas kleiner als ein Kistendeckel, den man gerade zur Hand hat, und sät den frisch geernteten Samen in der Zeit zwischen Mitte August und Mitte September mäßig dicht aus, bestreut ihn ganz leicht mit Erde, klopft ihn ein wenig fest und überbraust die Fläche. Der Deckel soll recht gut vor Luft und Licht abschließen und bleibt liegen, bis nach zwei oder drei Wochen ein reiches und gleichmäßiges Keimen eintritt. In der Zwischenzeit sorgt man bei Hitze und Trockenheit für ein wenig Wassernachhilfe. Die Samen wachsen nun in Luft und Licht bis tief in den November hinein überraschend kräftig. Keinerlei Winterschutz ist nötig.

Im Frühling lässt man die Sämlinge bis tief in den Sommer hinein treiben und wuchern und verpflanzt sie dann zu ihrem Erstarken locker genug aufs Beet. Die Aussaat kann auch unter gleichen Maßregeln im Frühling und bis zum ersten Frühsommer geschehen, doch ist die Keimkraft nicht so reich wie im Herbst. Eine Aussaat reihenweise in ein Beet ohne jeden Schutz, ganz früh bei mildem Wetter im März oder schon Ende Februar, kann besonders bei leichteren Böden auch zu leidlichem Erfolge führen. Eine Aussaat jedoch in wärmerer Zeit, also etwa April–Mai, ohne jede Schutzmaßregel obiger Art, wird bei ungünstiger Wetterlage zu völligem Misserfolge führen. Wer übrigens im Sommer gerade nicht zum Auspflanzen aus der dicht wuchernden Rittersporngrube kommt, lasse sie ruhig weiter wachsen; die Zähigkeit und Gutmütigkeit auch der jüngeren Ritterspornpflanze ist außerordentlich.

Mehltaubehaftete Jungpflanzen schaltet man nicht gleich im ersten Sommer und Herbst aus, sondern wartet ihr Verhalten beim normalen Heranwachsen ab, weil die Jungpflanze doch mehltauempfindlicher ist als die ausgereifte und diese Empfindlichkeit später oft völlig verliert, wie man das beim Vergleich mehltaubefallener junger Eichen mit älterem gesundem Nachwuchs so oft beobachtet.

26 Sorte nicht mehr im Handel erhältlich, neuere ungefüllte Sorten sind z. B. 'Beethoven', 'Firnglanz', 'Gruppenstolz', 'Harry Pötschke'.

27 Gemeint sind *Lilium bulbiferum*, verschiedene hohe *Campanula*-Sorten (wie *Campanula latifolia* 'Alba', *C. latifolia* var. *macrantha* 'Alba', *C. lactiflora* 'Alba' und *C. persicifolia* 'Grandiflora Alba') verschiedene *Verbascum*-Arten (wie *Verbascum bombyciferum*, *V. chaixii*, *V. lychnites*, *V. olympicum*,) und *Lysimachia punctata* oder *L. vulgaris*.

28 Sorten im Handel nicht mehr erhältlich. An ihre Stelle können spätere Foerster-Züchtungen wie 'Monte Cristallo' und 'Schneeferner' treten.

1

Delphinium Elatum-Hybride
'Blickfang'[29], opalfarben
VI/VII, ○ ⊖ ◎ ❖ ✂
Wird je nach Boden meterhoch bis mannshoch, gehört zu den schönsten, standfestesten Opalritterspornen und zu den Sorten, die uns nach 10 Jahren noch ebenso neu und unerschöpfbar reich sind wie im Anfang. Nachbarschaft: weißer Sommerphlox in frühen Sorten.

2

Delphinium Elatum-Hybride
'Ernst von Borsig', glühend blau
VI/VII, ○ ⊖ ◎ ❖ ✂
Dieser einzige späte großrispige Rittersporn von glühendem Blau, der sich lange mit 'Blautanne' zusammentut – wenn auch von diesem überdauert – unterscheidet sich in seiner Gesamterscheinung mit dem besonderen Rispenbau in samtigem Urblau völlig von den anderen Sorten. Nachbarschaft: späte Yucca.

29 Die beiden abgebildeten Sorten und auch die genannte 'Blautanne' sind im Handel nicht mehr erhältlich und wohl inzwischen verloren gegangen.

1.
2

Weiteres vom Rittersporn

Karl Foerster

Es gibt auf dem Gebiete der Dahlien, Rosen, Narzissen und Iris je 4000 bis 5000 Sorten, in die jetzt immer stärker der Sturmwind beschränkender Sichtung hineinfährt, wobei die genauesten Kenner nicht nur in einer Blumensaison, sondern mindestens in mehreren gehört werden müssen und sicherlich keine unersetzlichen Werte unter den Tisch fallen lassen werden. Dennoch bleibt es eine Aufgabe für eine universale Kennerschaft, auf diesen und anderen Gebieten zu verhüten, dass ältere hohe Werte im Dunkeln verschwinden.

Es ist heilsam, sich und anderen klarzumachen, wie sich die breiten Ströme der Vielheit sofort gliedern, mildern und verständlich machen, wenn man dreierlei große Gesichtspunkte geltend macht, nämlich 1. die Einteilung nach Hauptfarben und Stufungen, 2. nach frühen, mittelspäten und späten Sorten, und 3. schließlich nach niedrigem, mittelhohem und hohem Wuchs. Hierzu käme dann auf mehreren Gebieten noch die Einteilung in ganz besondere Typen jener Gattungen – bei den Dahlien also wären Ehrenrettungen der Einfachen Dahlien und der großen Ball-Dahlien sehr notwendig.

Im Lauf der kommenden Jahrzehnte wird es auf dem Gebiet des Rittersporns sicher 200 bis 300 namhafte Sorten geben. Manchem erscheint solche Zahl von 200 Rittersporn- oder Phloxsorten als zu hoch, während er sich einer unermessenen Sortenfülle auf anderen Gebieten blindlings fügt.

Das Rittersporn-Sortiment wird durch in- und ausländische Arbeit immer weiterer und schnellerer Bereicherung je nach Verschiedenheit der Blütezeiten, der Blütendauer, der Buschgröße, der Remontierfähigkeit und der ganz besonderen Eignung zur Schnittblume entgegengehen. Hierzu wird einst noch die Fülle neuer Ergebnisse von Ritterspornkreuzungen mit mehr als 100 hierfür geeigneten wilden Ritterspornarten treten. Wir stehen also wieder einmal am Anfang großer kommender Dinge.

Die Haltung aber der meisten Menschen ist auch hier wieder unberührt von beglückenden Vorgefühlen höherer Zukunft, aber auch ebenso weit entfernt von irgendeinem Drange nach wirklicher Orientierung über das bisher schon Erreichte.

Stärkste Fernwirkungen der im ärmsten Sande spartanisch erzogenen und getesteten Staudenrittersporne fanden wir in Gärten der Alpen, in denen Strahlung und Luftfeuchte Wirkungen hervorbrachten, die man kaum vergisst. Das Licht jubelte und dröhnte in all den vielen Blaus der Blütentürme, die sich mit größter Selbstverständlichkeit dem Hintergrunde blauer Alpenseeflächen, verschneiter Felsterrassen, umnebelter Bergfichten einfügten und die Gartenbilder mit Alpenanblicken in eines schmolzen.

Die bescheidene Staude Rittersporn, Kind der Berge, kehrte also, gesteigert und gefeiert von den Bewohnern der Ebene, in die Bergheimat zurück.

Karl Foerster betrachtet eine Aufpflanzung von Rittersporn-Sämlingen in seiner Gärtnerei (um 1960).

1

***Delphinium* Elatum-Hybride**
'Düsterlohe'[30],
kobaltblauer Rittersporn
Familie der Hahnenfußgewächse, mannshoch
VI/VII, ○ ⊖ ◎ ❖ ✂
Dieser Rittersporn bildet Riesenbüsche von erstaunlicher Energie und Gesundheit und reichem, langem Flor von ausgesprochenem Kobaltblau. Die dargestellte Rispe stammt vom Septemberflor, erreicht aber doppelte Länge. Schöne Nachbarschaft bilden *Helenium*-Büsche.

2

***Delphinium* Elatum-Hybride**
'Stichflamme'
mannshoch
VI/VII, ○ ⊖ ◎ ❖ ✂
Lässt aus gedrungenem, starklebigem Busch schmale, lange azurblaue Rispen aufschießen.

3

***Delphinium* Elatum-Hybride**
'Finsteraarhorn'
mannshoch
VI/VII, ○ ⊖ ◎ ❖ ✂
Dieser gehört zu den stärkstwachsenden aller Rittersporne, blüht lange in einem dunklen Enzianblau, um dessen Nachbildung sich Wort und Pinsel vergeblich mühen. Er führt diese Farbe als »schönster« Rittersporn auch im langen Herbstflor weiter. Nachbarschaft: *Heliopsis*, Sonnenauge.

4

***Delphinium* Elatum-Hybride**
'Dein blaues Wunder'
mannshoch
VI/VII, ○ ⊖ ◎ ❖ ✂
Bildet alsbald zwanzigstielige Büsche mit hellazurblauen Blumen, deren Schönheit schwer zu übertreffen ist.

5

***Helenium*-Hybride**
'Moerheim Beauty'[31],
kupferfarbenes Helenium
Familie der Asterngewächse, hüfthoch
VII/VIII, ○ ⊖ ◎ ❖ ✂
Rabattenstaude von zweimaliger Florzeit, für Farbengruppen und Schnittblumengärten unerlässlich.

6

Crocosmia* × *crocosmiiflora
'Aurantiaca'[32],
goldgelbe Montbretie
Familie der Schwertliliengewächse, Südafrika, kniehoch bis tischhoch
VII/X, ⊖ ◎ ✧ ❖ ✂
Riesenblumige Gartensorte wie auch die beiden folgenden, passend zu wochenlangem Nachflor mit remontierenden Rittersspornen und *Panicum*, der Staudenhirse.

7

Crocosmia* × *crocosmiiflora
'James Coey', zinnober-scharlachrot

8

Crocosmia* × *crocosmiiflora
'Rheingold',
goldgelb mit roten Flecken

30 Von den hier beschriebenen Rittersporn-Sorten ist 'Finsteraarhorn' wegen seines dunklen Blaus nach wie vor sehr beliebt. Die drei anderen sind wohl inzwischen verloren gegangen.

31 Diese frühe *Helenium*-Sorte, die von Ruys 1930 in seiner Gärtnerei Moerheim in Dedemsvaart gezüchtet wurde, ist nach wie vor sehr beliebt und überall erhältlich.

32 Die angegebenen Crocosmien-Sorten sind bis auf 'Aurantiaca' noch im Handel erhältlich.

1.
2.
3.
4.
7.
6.
5.
8.
E. Bartning.

Noch ganz anderes Blau

Karl Foerster

Für das helle Blaugrün mancher Nelkenpolster und schönster Blaugräser hat man noch kein rechtes Farbenwort gefunden und kann es doch in einem blauen Gartenbuch ebensowenig totschweigen wie eine kleine Anzahl blaugrünlaubiger anderer Kleinstauden. Alle drei Gebiete zwangen jedoch zu einer sehr begrenzten, anspruchsvollen und sorgfältigen Auswahl, welche alles irgend Entbehrliche oder mit misslichen Nebeneigenschaften Behaftete wegzulassen hatte.

Stauden-Nelken

Da viele Pfingstnelken, Federnelken und andere Wildnelken auf die Dauer in ihren blaugrünen Polstern nicht voll befriedigten, werden hier nur einige wenige, sicher wirksame herausgegriffen.

Dianthus gratianopolitanus 'Rosenwolke', Pfingstnelke
Dianthus gratianopolitanus 'Schneewolke', Pfingstnelke
Dianthus gratianopolitanus 'Blaureif', Pfingstnelke
Dianthus plumarius, Bunte einfache Federnelken
Dianthus zonatus, Ringnelke [33]

33 'Rosenwolke', eine Foerster-Sorte von 1936 ist noch erhältlich, die beiden anderen Foerster-Sorten von 1939 nicht mehr; *D. zonatus* ist eine seltene Felspflanze des östlichen Mittelmeergebiets, die in Deutschland von wenigen Spezialgärtnereien angeboten wird.

Blaugräser

Im Reich der Blaugräser ist zu bedenken, dass die beiden umherwuchernden Arten des Strandhafers[34] entweder nur an Stellen gepflanzt werden, an denen sie üppig gedeihen können, oder aber man muss sie an Plätzen ohne diese Möglichkeit in eingesenkte, bodenlose Eimer, Kübel oder andere Gefäße setzen, wodurch sie dann gezwungen werden, sich ordentlich und gesittet zu benehmen.

34 Gemeint sind *Leymus avenarius* und *Leymus racemosus*.

Das schönste aller blauen Gräser, *Helictotrichon sempervirens*, der Blaustrahlhafer, wuchert überhaupt nicht umher, hat nur prachtvolle Garteneigenschaften, wird im Alter 1 m breit bei einer Kniehöhe der Halmbüsche und Brusthöhe der blassgelben Ähren. Das rücksichtslose Zurückschneiden im März verhindert, dass später gelbe Vorjahrshalme den schönen Anblick stören. Es ist fabelhaft, welche unerwartete Rolle diese blauen Büsche inmitten aller möglichen Blüten und Herbstlaubfarben spielen.

Im Bereich der *Festuca*, in diesem Falle also der Blauschwingel, ist zu bedenken, dass *Festuca cinerea* bei später, zum Beispiel sommerlicher Pflanzung, im ersten Winter danach irgendeinen Winterschutz erhalten soll. Wer hier allzu große, alte Exemplare pflanzt, muss damit rechnen, dass sie später etwas unschön auseinander fallen. Im Frühling dauert es eine Zeit lang, ehe sich bei *Festuca cinerea* wieder das schöne Blau herausbildet, das im Winter etwas grünlicher geworden war. Ganz anders verhält sich *Festuca vallesiaca*, der Wallis-Blauschwingel, der schon lange vor *F. cinerea* im Frühling sein schönes Blau zeigt. Die Verbindung dieser beiden kleineren Schwingel mit weiteren *Festuca*-Arten wandelt alle diese schönen, brauchbaren Farbstufungen ab, wie etwa Blautönungen vieler Alpenseen miteinander wechseln. Dabei hilft auch noch *F. glacialis*, der Gletscherschwingel, kleinster von allen, der eine unbestimmbare Farbenvariante hinzu bringt. Im Bereich der größeren Schwingel störten bisher die allzu reichlichen gelben Blütenhalme. Wir fanden in sehr großen Sämlingsbeständen einige wenige Pflanzen, etwa 5 von 2000, die nur ganz schwach blühten und schnell zu großen Mengen herangezogen werden konnten. Zur Beurteilung dieser grünblauen Schwingel ist erwähnenswert, dass ihre eigentliche schöne bläuliche Färbung so recht erst im Sommer einsetzt.

Den großen Regenbogenschwingel, *F. amethystina*, der im Alter wohl 80 cm breit wird, möchten wir an dieser Stelle besonders feiern und raten, seine bläuliche Wirkung durch Wegschneiden der Blütenhalme für Jahre zu steigern.

Helictotrichon sempervirens Blaustrahlhafer
Leymus arenarius 'Glaucus' Strandhafer
Leymus racemosus 'Glaucus' Riesen-Strandhafer
Festuca glacialis Gletscher-Schwingel
Festuca cinerea Blauschwingel
Festuca vallesiaca Walliser Blauschwingel

Blaugrünlaubige Kleinstauden

Es meldet sich hier noch eine kleine Liste blaugrünlaubiger Kleinstauden zum Worte, von deren farblich so bedeutsamer Verflechtung mit andern Kleinstauden rotbrauner, silbergrauer, weißbunter Farben in dem Buch »Neuer Glanz des Gartenjahres« gesprochen wird. Die Reize und Stufungen dieses kleinen Farben- und Formenreichs sind nicht beschreibbar; aber sie sind bei der so leichten Verschwisterung mit den genannten anderen Farben so außerordentlich kostbar, dass man ihr Blühen noch als Zugabe wertet. Der wunderlich schöne Ton der *Aethionema*-Polster, also des Alpentäschelkrauts[35], ging bei der veredelten Sorte 'Warley Rose'[36] verloren. Das Oktober-Sedum, *S. sieboldii*, lässt sein edelsteinhaftes Blau im Oktober während seiner Blütezeit in ein Korallenrosa aufbrennen und bietet so den gleichen Anblick des Blütenflors inmitten der eigenen Herbstlaubtöne wie das *Chrysanthemum* × *grandiflorum* 'Nebelrose'[37].

Aethionema grandiflorum Alpentäschelkraut
Euphorbia myrsinites Walzen-Wolfsmilch
Sedum anacampseros Walzen-Sedum
Sedum ewersii var. *homophyllum* Blaues Zwerg-Sedum
Sedum ewersii 'Nanum' Turkestan-Sedum
Sedum pluricaule Rosenteppich-Sedum
Sedum reflexum Blautannen-Sedum
Sedum sieboldii Oktober-Sedum

35 Der von Foerster verwendete deutsche Name ist irreführend, da diese Art in den Alpen gar nicht vorkommt. Heimatgebiete sind Türkei, Irak, Kaukasus und Iran.

36 Die Sorte ist im Handel nicht mehr erhältlich.

37 Eine von Foerster gezüchtete Sorte. Ob sie sich noch echt im Handel befindet ist fraglich.

Reinblaue Tiere für den Garten

Karl Foerster

Die wunderbare Pracht mancher Gartenpflanzen und Gartentiere, wie Seerosen, Pfauen, Strauchpäonien oder herrlichste Geflügelrassen, imponiert manchen Garteninhabern so sehr, dass sie gar nicht auf den Gedanken kommen, sie in ihren Gartenbereich zu ziehen, weil sie jenen Glanzerscheinungen kaum die ihnen innewohnende unglaubhafte Genügsamkeit und bequeme Pflegbarkeit zutrauen. Sie gleichen darin manchmal schüchternen Gymnasiasten, welche ihren geliebten »Gegenstand« nur aus der Ferne anbeten.

So ging es uns auch mit dem Pfau, bis wir einst ein Pärchen geschenkt bekamen.

Der Pfau ist ein verblüffender Gartenschmuck; wir warten seit Jahren vergeblich auf irgendeinen Schaden, den er im Garten anrichtet. Das Märchentier sitzt im Winter oft dick verschneit ganz munter vor den Fenstern; auch in Wochen schwerer Kälte lehnt der Pfau Einladungen ins Warme ab. Holzwolle, die ihm Kinder auf seinen schneebedeckten Fenster- und Futterplatz streuen, belächelt er. Nachts bäumt er gern in Tannen auf, die er im Winter den Laubbäumen vorzieht. Oft ist das lang herabhängende Schwanzgefieder vom Raureif geschmückt.

Der große Vogel fliegt seltsam leicht, – streicht wie ein edelsteinblauer Märchenspuk weithin durch die Luft.

Zum Brüten sucht sich die Pfauin wunderlich romantische Plätze aus, so etwa verborgene Steingartenplätze neben Zwergnadelhölzern oder breite Fensterkästen des ersten Stockwerks. Der Pfau lässt es beim Radschlagen nicht bewenden, sondern versetzt oft sein ganzes Zaubergerüst in ein leises Erzittern. Man gewöhnt sich nicht an das Wundertier, sondern steht nach Jahren noch wie im Anfang staunender Freude.

Wem im Mai die indischen Nachtrufe lästig werden, der lässt ihn zu bestimmten Abendstunden mit dem Futternapf in einen Schuppen locken, wohin die Pfauin sogleich mit folgt. Leider sind zuweilen unter den Pfauen wie auch unter anderen großen Vögeln seltsame Feinde der Menschenfrauen, deren Rock sie zu ärgern scheint. Diese stets schnabelhiebbereite Angriffslust unseres Pfauenmännchens führte vorzeitig zur Rückgabe an einen Tiergarten. Wer also einen Pfau anschafft, verlange einen Weiberfreund!

März–April blühende Stauden, Zwiebelstauden und Rhizomstauden

Karl Foerster

Vom großen Getümmel blauer Vorfrühlingsblumen ist vor allem zu sagen, dass man sie nicht beliebig im Garten verstreuen soll, sondern am besten in früheste Abteilungen eines Vorfrühlingsgärtchens hineinnimmt, dessen lang gestreckte, flache, kleine und in der Höhenlage mannigfach gestaffelte Terrassenbeete durch Randsteine und Mäuerchen gehalten werden. Sonst passen sie aber auch, untermischt mit kleinen Gräsern und Farnen, in natürliche Steingärten; man sorgt hier für windgeschützte Ruheplätze, damit man bei ihrem Besuche ein wenig in nächster Nähe »absitzen« kann und nicht nur an ihnen vorübergeht.

Es wird noch lange zu wiederholen sein: der Vorfrühling von Ende Februar bis Ende April ist eine neue Gartenjahreszeit geworden, deren Stauden, Blumenzwiebelstauden, früh blühende Gehölze und Zwerg-

Scilla siberica und *Chionodoxa luziliae* breiten sich durch Samen und Brutzwiebeln leicht aus. Sie bilden im Frühjahr blaue Blütenteppiche.

gehölze, früh grünende Gesträucher und Kleinbäume sowie immergrüne und früh grünende Gräser erst wenigen Menschen ganz überschaubar sind.

Und es kommt noch immer Neues aus Züchterhand oder Weltferne. So erschien gerade wieder um die Jahrhundertmitte aus den riesigen Wildnislabyrinthen kleinasiatischer Berge eine ganz neue weißblaue, frühmärzliche *Scilla*, die nach ihrem Einführer *tubergeniana*[38] genannt wurde. Sie hat so üppige Wachstumskräfte, dass drei Knollen im Blumentopf schon zu ansehnlicher Blütenwirkung führen. Das *Scilla*reich steckt voll von wenig bekannten, ungenutzten Vorläufer- und Nachhutarten.

Auch das Schatzkästchen der frühen März-Iris hat sich gleichfalls durch die Züchtungsarbeit um viele neue Werte und Farben frühester oder spät erblühender Arten und Hybriden bereichert.

Hyazinthen gebärden sich nur im ersten und zweiten Jahr so üppig, dass sie nicht recht zu wilden Kleinodien passen. Aber allmählich wird ihr Flor magerer und gewinnt an Wildnisreiz.

Dass die weißen Buschwindröschen[39] sich in ganz neuen Farben, ja auch in »Füllungen«, ergehen, bringt uns diesen wilden weißen Wälder-

38 Heute besitzt diese Pflanze den leider nahezu unaussprechlichen wissenschaftlichen Namen *Scilla mischtschenkoana*.

39 *Anemone nemorosa*

1

Iris stenophylla [40]

2

***Iris reticulata*, dunkelblaue Netz-Iris**

Familie der Schwertliliengewächse,
Kaukasus, spannhoch
III/IV, ○ ⊖ ◎ △ ⊔ ✧ ✂
Die kleine, herrlich frühe, 20 cm hohe Kaukasierin hat es in diesem stürmischen Jahrhundert schon zu sechs neuen, völlig unerwarteten Farben gebracht. Lege einen Sein auf die Nordseite der Stelle, in die du eine Zwiebel einsenkst, – und freue dich der 14-tägigen Verfrühung ihres Flors durch die kleine Prallsonnenwärme.

3

***Iris reticulata* 'Cantab', hellblaue Netz-Iris**

Familie der Schwertliliengewächse,
Kaukasus, spannhoch
III/IV, ○ ⊖ ◎ △ ⊔ ✧ ✂
Wer mit all diesen frühen Farbenwundern des Gartens umgeht, wertet die schon unabsehbar gewordene Vorfrühlingswelt auch als eine neue Welt von Instrumenten, auf denen Licht und Atmosphäre Klänge und Melodien spielen.

4

***Anemone nemorosa* 'Blue Bonnet', hellblaues Buschwindröschen**

Familie der Hahnenfußgewächse, Europa und Sibirien, spannhoch
III/IV, ⊖ ◎ ◍ △ ✧ ✂
Die kleinen Edelformen des Buschwindröschens in hellblau und rosa und in weißer Großblütigkeit sind ebenso treue und einfach zu behandelnde Gartengewächse wie die Stammart.

5

***Hepatica nobilis*, blaues Leberblümchen**

Familie der Hahnenfußgewächse, Europa, Nordamerika, spannhoch
III/IV, ⊖ ◎ ◍ △ ✧ ‖ [Blatt-Symbol]
Immer wieder trifft uns dieser frühe, starke blaue Flor mit einem kleinen Farbenschreck. Die unverwüstliche Kraft der Pflanze erstreckt sich auch auf die roten und die gefüllt blühenden Edelformen.

6

***Hepatica nobilis* 'Rubra', rotes Leberblümchen**

Familie der Hahnenfußgewächse, Europa, Nordamerika, spannhoch
III/IV, ⊖ ◎ ◍ △ ✧ ‖ [Blatt-Symbol]
Wer bunte Leberblümchen in seinem Garten hat, wird alsbald von kleinen Farbenmischlingen freudig überrascht sein; sie keimen besonders gern in flachen, immergrünen Polstern anderer Stauden.

7

***Anemone blanda* 'Ingramii', blaue Balkan-Anemone**

Familie der Hahnenfußgewächse, Griechenland, Kleinasien, spannhoch
III/IV, ⊖ ◎ ◍ △ ✧
Diese früheste der frühen und tiefblauesten der blauen Anemonen freut uns noch durch lange Blütezeit; gern geben wir ihr rosa und weiße Varianten zu Nachbarn.

8

***Scilla siberica* 'Alba', weißer Frühlings-Blaustern**

Familie der Liliengewächse, Kleinasien, Russland, ganz niedrig
III/IV, ○ ⊖ ◎ ◍ △ ✧
Die blaue Scilla hat kein Rosa hervorgebracht – nur diese weiße Schwester, durch die immerhin das unwiederholbare Blau unterstützt wird, das besonders in der Edelform 'Atrocaerulea' seine vollste Schönheit erreicht.

9

***Gagea lutea*, Gelbstern**

Familie der Liliengewächse, Europa bis Himalaja, ganz niedrig
II/IV, ○ ⊖ ◍ ✧
Eigentlich ein Unkraut – auf Parkwiesen mag's hingehen!

10

***Hyacinthus orientalis* 'Doctor Lieber', wasserblaue Gartenhyazinthe**

Familie der Liliengewächse, Kleinasien, Griechenland, Dalmatien, fußhoch
IV/V, ○ ⊖ ❖ ✂ <
Die schönsten Hyazinthensorten sind so wenig bekannt und verbreitet wie die schönsten Fliedersorten. Bitte nur aufregende und erstaunliche Sorten verwenden, früh blühende und spät blühende, und volle Sonnenplätze geben!
Auch kleine verwilderte Hyazinthenbeete, die vor 15 bis 20 Jahren angelegt wurden, würzen mit ihrem Duft wochenlang den Platz.

11

***Colchicum luteum*, goldgelbe Frühlings-Zeitlose**

Familie der Schwertliliengewächse, Himalaja, ganz niedrig
II/III, ○ ⊖ △ ✧
Bei den Frühlings-Zeitlosen, deren es für den Garten mehrere sehr brauchbare gibt, weiß man oft nicht recht, ob es späte Zecher oder Frühaufsteher sind.

12

***Corydalis solida* 'Rubra'[41], roter Frühlings-Lerchensporn**

Familie der Erdrauchgewächse, Ungarn, spannhoch
III/IV, ⊖ ◎ ◍ △ ✧
Über diesen roten Lerchensporn haben sich die Leute noch nicht genügend aufgeregt, weil sie das unwahrscheinliche Farbengeschenk nicht kennen. Es blüht da wie ein Hauch, verschwindet – und ist im nächsten Jahr wieder zur Stelle. Sorge mit ein paar Pfählen und einem Etikett dafür, dass das Plätzchen nicht vergessen, zergraben oder unvorsichtig gejätet wird.

13

***Viola odorata* 'Königin Charlotte', dunkelblaues Duftveilchen**

Familie der Veilchengewächse, Süd- und Westeuropa, spannhoch
III/IV und IX/X, ○ ⊖ ◎ △ *f* ✧ ‖ ✂ <
Die beiden Führer im Duftveilchenreich sind 'Triumph' und 'Königin Charlotte'. Letzteres bringt es im Herbst zu einem zehnwöchigen Nachflor.

40
Iris stenophylla stammt aus der Süd-Türkei. Sie gehört zur Gruppe der *Juno*-Iris. Aus dieser Gruppe hat sich nur die gelb blühende *I. bucharica* als langlebig und gartentauglich erwiesen. Andere *Juno*-Iris-Arten gehören zu den Raritäten Botanischer Gärten.

41
(Karmin) Rote bis rosa Form von *Corydalis solida*, dem gefingerten Lerchensporn. Diese Pflanze ist eine Besonderheit des Foerster-Gartens in Bornim und begeistert durch ihre unwirkliche Leuchtkraft. Inzwischen wurden verschiedene Sorten dieser Farbvariante selektiert (z. B. 'George Baker', 'Munich Form', 'Nettleton Pink', 'Zwanenburg').

10.
8.
9.
1.
7.
11.
5.
3.
2.
6.
12.
4.
13.
E.Bartning

42 *Anemone ranunculoides*

schmuck noch näher. Ihre Schwester, die gelbe Ranunkel-Anemone[42], hat sich gleichfalls zu Edelsorten heranziehen lassen und ihren veredelten Flor noch mit bronzefarbenem Laub unterstützt.

Hyazinthen nennt unsere Liste auch noch in andern frühen oder späten blauen Sorten. Die kostbare Blütezeit lässt sich verdoppeln. Wochenlang streicht der unvergleichbare Duft durch warme und kühle Lüfte und hilft das ganze frühe Geblühe zu erhöhter Feierlichkeit erheben.

Es ist keine Kleinigkeit, durch den Vorfrühlingsgarten des Bienensummen schon um Wochen verfrüht zu erleben. Der Stärke des Gesummes nach scheint man den Bienen nichts Schöneres als Veilchenflor und Märzheide bereiten zu können.

Hepatica nobilis, das Leberblümchen.

Ein verlässlicher, hellblauer Frühlingsblüher, *Scilla mischtschenkoana*.

Crocus tommasinianus kann sich stark ausbreiten und früher als die großblumigen Krokusse blaue Blütenteppiche ausbilden.

Viola odorata überzeugt nicht nur durch ihre blaue Blüten, sondern auch durch ihren Duft.

April–Mai blühende Stauden, Zwiebelstauden und Blütensträucher

Karl Foerster

Die Frühlingsschelle aus Nordamerika, *Synthyris stellata*, ist zwar nur lilablau, bürgert sich aber mit ihrer vollen Unverwüstlichkeit bei uns ein.

Das dunkelblaue Primelauge des kleinen Sträußchens der *Primula vulgaris* ist das Ergebnis jahrzehntelanger Züchterarbeit an kleinen Kissenprimeln. Diese Arbeit geht noch weiter, um die Frosthärte bis zum Letzten zu steigern und das Blau auch wirksamer den hohen bunten Straußprimeln abzugewinnen. Es gibt da ganz seltsame Blaus, denen keine Worte folgen können. Manchmal blickt man in treuherzige, zuweilen in nachttierhafte Farbengesichter, dann wieder in Farbenmysterien von drohender Seltsamkeit, wie wir uns Taifunhimmel denken.

Das Enzianlungenkraut aus Siebenbürgen, die unverwüstliche *Pulmonaria angustifolia* 'Azurea'[43], um die Aprilmitte schon in dunkelblauem Flor, der längere Wochen dauert, lockt zur Einsprengung in alle mögliche Buntheit.

Noch haben wir nicht angefangen, uns tief genug zu verwundern, dass auch aus naher Nachbarschaft homerischer Gefilde so viele unserer winterhart ausdauernden Frühlingsgewächse stammen und für immer mit uns leben wie die Gesänge Homers. Was soll man zum blauen Vorfrühlingsgeschenk, dem Schneestolz, sagen, der sich in der Sonderart *Chionodoxa luciliae* auch mit weißen und rosafarbigen Spielarten vergnügt – aber den Gipfel seiner Blauglut in der *Ch. sardensis* aus dem kleinasiatischen Gebirge Sardes erreicht! Diese blauen Juwelen behaupten jahrzehntelang ihre alten Gartenplätze.

43 Hier herrscht große Verwirrung in der aktuellen Nomenklatur. Die von Foerster als *Pulmonaria azurea* bezeichnete Pflanzen heißt heute nach Zander (2002) *Pulmonaria angustifolia* 'Azurea'. In den Ergebnissen der aktuellen Staudensichtung zu *Pulmonaria* (2002 und 2005) wird die Pflanze als *P. dacica* 'Azurea' bezeichnet.

44 *Scilla siberica* stammt nach neueren Erkenntnissen aus dem Kaukasus, Süd-Russland, der Türkei und Syrien. Sie ist aber in weiten Teilen Europas, vor allem in zahlreichen alten Gärten und Parks verwildert.

45 Gemeint ist *Scilla bifolia*; nach heutigen Erkenntnissen ist *Scilla bifolia* eine Art der feuchten Edellaubwälder, z. B. in Flussauen oder an den Abhängen der Mittelgebirge, nicht aber der alpinen Bereiche.

Scilla siberica ist in Jugoslawien[44] beheimatet, wird älter als Menschen – Jahrzehnte sind ein Hauch vor ihrem Beharren an Gartenplätzen unserer Kindheit, die wir weißhaarig wieder besuchen. Der April-*Scilla* geht die azurblaue *Scilla hohenackeri* aus Transkaukasien voraus – sie gibt das erste Glockenzeichen; dann folgt die neue blassblaue *Scilla mischtschenkoana* und die Zweiblatt-Scilla[45] unserer Alpen, die ganze Alpenwiesenhänge einfärben kann.

Auch ein Vorfrühlingszuwachs unseres Jahrhunderts ist das große Kaukasusvergissmeinnicht, *Brunnera macrophylla*, dessen breite, mehr als fußhohe Büsche schon Ende März ihren Acht-Wochen-Flor rüsten und zu den Fernstwirkenden unter den frühen blauen Blumen gehören.

Wer aber kennt und liebt die unverwüstlichen Perlhyazinthen in ihren edelsten und auffallendsten Varianten? *Muscari azureum* bricht schon früh vor Anfang März mit reinblauen Zuckerhüten aus dem Boden. Dann reicht der Perlhyazinthenreigen ohne Unterbrechung in erstaunlichen Abarten über lange Wochen hinweg.

Während dieser blaue Karnevalsschatz ein kleinasiatisches Geschenk ist, kommt das Waldvergissmeinnicht, *Omphalodes verna*, aus Oberitalien, Kroatien – und wird immer bei uns bleiben, treu wie eine Volksliedmelodie, die sich aus fremder Welt bei uns einbürgerte. Drei Jahrhunderte währt schon ihr Gartenleben.

Pulsatilla vulgaris, die Küchenschelle, bevorzugt sonnige, trockene Standorte.

Omphalodes verna, das Gedenkemein, besitzt ein zartes Blau von großer Leuchtkraft.

Die Stängellose Primel, *Primula vulgaris*, gibt es in vielen Farben.

1

***Synthyris* stellata,**
lavendellila Frühlingsschelle
Familie der Braunwurzgewächse, Nordamerika, spannhoch
III/V, ⊖ ◎ ◍ △ ✧ ‖
Die schlichte Farbe macht diese Blütengestalten auch durch die Frühzeitigkeit ihres Flors und die Unverwüstlichkeit ihres Gedeihens ehrwürdig.

2

***Primula vulgaris* 'Atrocoerulea'[46],**
dunkelblaulila Kissen-Primel
Familie der Primelgewächse, Westliches und südliches Europa, spannhoch
III/IV, ⊖ ◎ △ ✧ ‖
Sie schenkt uns eine Menge von blauen Farbenstufungen, das Ergebnis von etwa vier Jahrzehnten ausländischer und deutscher züchterischer Arbeit an kleinen Wiesenprimeln. Herbstgepflanzte Primeln erhalten im ersten Winter Fichtenreisigschutz. In späteren Wintern leichte Laubschüttung.

3

***Pulmonaria angustifolia* 'Azurea',**
Enzian-Lungenkraut
Familie der Raublattgewächse, Siebenbürgen, fußhoch
IV/V, ⊖ ◎ ◍ △ ✧ ‖ ✂
Es ist das einzige reinblaue Lungenkraut und in dieser Farbe und Gartendienstbereitschaft für die Wildnisgartenkunst, ja auch im Kleinen für den Blumenschnitt unentbehrlich.

4

Chionodoxa luciliae,
blauer Schneeglanz
Familie der Liliengewächse, Kleinasien, spannhoch
III/IV, ○ ⊖ ◎ △ ✧
Von unwirtlichen kleinasiatischen Gebirgen für Gärten der nördlichen Zone ausgebrütet, steht er mit seinen rosa und weißen Schwestern, der verwandten Art Ch. sardensis vom Gebirge Sardes und ähnlichen, wenn auch wieder eigenartigen Varianten, jahrzehntelang immer an den alten Gartenplätzen.

5

Prunus* × *yedoensis,
weiße Vorfrühlingskirsche
Familie der Rosengewächse, Japan, übermannshoch
III/IV, ○ ⊖ ◎ △ ⊔ ✧ ‖ ✂
Dieser Prunus führt uns in das Reich fast unüberschaubarer Glanzgestalten, die von fernher noch durch neue bereichert werden.

6

Luzula sylvatica,
Waldmarbel, Breitblattmarbel
Familie der Binsengewächse, Europa, kniehoch
IV/V, ○ ⊖ ◎ ◍ △ ⊔ ✧ ‖ ✂ 🍃
Dieses wunderbare Grasgewächs versöhnt uns mit seiner Winterräudigkeit durch eine Menge unverwüstlicher Kräfte, bringt Wintergrün auch in schlechteste Plätze.

7

***Primula vulgaris* 'Aurea'[47],**
gelbe Kissen-Primel
Familie der Primelgewächse, westliches und südliches Europa, spannhoch
III/IV, ⊖ ◎ △ ✧ ‖
Sie bringt tiefes und auch zartes Zitronenfaltergelb in den so gelbbedürftigen Vorfrühlingsgarten.

8

***Scilla siberica,* Blaustern**
Familie der Liliengewächse, Kaukasus, Russland, Türkei, Syrien, spannhoch
III/IV, ○ ⊖ ◎ ◍ △ ✧ ‖
Die wilde Form spielt eine große Rolle in Westeuropas Wildnissen; sie hat sich ein besonderes Blau vorbehalten, sät sich stärker aus als irgendeine Zwiebelstaude, bildet blaueste Teppiche – überdauert uns alle!

9

Brunnera macrophylla,
Kaukasus-Vergissmeinnicht
Familie der Raublattgewächse, Kaukasus, fußhoch bis kniehoch
III/IV, ○ ⊖ ◎ ◍ △ ⊔ ✧ ❖ ✂ 🍃
Bildet, gut eingewachsen, 40 cm hohe bis 80 cm breite Büsche, die sowohl in Dürre und Sonne wie im dumpfen Schatten gedeihen. Größte Fernwirkung in Blau!

10

Muscari botryoides,
blaulila Perlhyazinthe
Familie der Liliengewächse, Mittelmeerländer, spannhoch
IV/V, ○ ⊖ ◎ △ ✧ ‖ ✂ <
Die robuste lilablaue Perlhyazinthe gedeiht auch im Wiesenrasen; die Zuchtarbeit hat aber prächtige, reine Blaus erzielt, deren Flor sich weithin verteilt.

11

Muscari azureum,
hell azurblaue Perlhyazinthe
Familie der Liliengewächse, Kleinasien, spannhoch
II/IV, ○ ⊖ ◎ △ ✧ ‖ ✂ <
Die kleine Azur-Perlhyazinthe, die schon zur Karnevalszeit aufblüht, lässt ihren Gartenplatz durch Jahrzehnte nicht im Stich und verbreitet sich weiter umher.

12

***Erica carnea* 'Vivellii',**
dunkelrote Vorfrühlingsheide
Familie der Heidekrautgewächse, alpin, fußhoch
II/IV, ○ ⊖ △ ✧ ‖
Diese Erika hat das dunkelste Rot aller Schneeheiden, die man gern an sonnigem Platz ihrer breiten Polster bilden lässt. Einziger Feind ist Schatten.

13

Omphalodes verna,
Wald-Vergissmeinnicht, Gedenkemein
Familie der Raublattgewächse, Süd- und Osteuropa, spannhoch
III/V, ⊖ ◎ ◍ △ ✧ ‖
Das Waldvergissmeinnicht ist schon lange bei uns. Es lebt im Schatten der Wildnisse und Gärten. Mit seinem klaren Himmelblau auf flachen Teppichen überall in die Vorfrühlingsgärten. Im Schatten entwickelt es sich schnell üppig, in der Sonne oft zögernd.

46 Diese Sorte existiert nicht mehr. Jedoch gibt es unendlich viele blaue Farbtypen von dieser Art im Frühling zu kaufen, die durch Samen vermehrt werden.

47 Diese Sorte existiert nicht mehr. Aber bereits die Wildform von *P. vulgaris* ist gelb und heute werden unzählige weitere gelbe Farbvarianten angeboten.

5.
6.
8.
9.
7.
4.
10.
11.
3.
12.
2.
1.
13.
E. Bartning

Allerlei einjährige Blaue im Frühjahr und ihre Begleiter

Christian Meyer

Horn-Veilchen gibt es in vielen Farben und Schattierungen, hier die blaue *Viola cornuta* 'Blaue von Paris'.

Frühaufsteher im Garten sind mitunter bescheidene, aber starke Persönlichkeiten. Das Horn-Veilchen, *Viola cornuta*, gibt da ein gutes Beispiel. Als Wildpflanze ist es in den Hochlagen der Pyrenäen unwirtliche Standorte gewohnt und dementsprechend begnügt es sich auch im Garten mit eher nährstoffarmen und nicht allzu feuchten Verhältnissen.

Die modernen, züchterisch bearbeiteten Nachkommen dieser Horn-Veilchen sind hybriden Ursprungs. Dem anderen Elternteil, dem großen Garten-Stiefmütterchen, verdanken die neuen Horn-Veilchen Blütenfülle und Farbreichtum. Die im Handel erhältlichen Sorten vermögen daher eine ganze Palette frischen Frühlingsblaus in Gärten und Parks zu zaubern. Leider wurde aber auch die begrenzte Lebensdauer vererbt, sodass sie als wirkliche Einjährige nach der Blüte abgeräumt werden müssen. Doch auch von den prächtigen Veilchen-Verwandten, *Viola × wittrockiana* erwarten wir eher bunte Vielfalt als Langlebigkeit. Dank dieser Gewächse lässt sich der manch-

Narcissus triandrus 'Thalia'.

mal zögerliche Frühlingseinzug wenigsten farblich kraftvoll voran bringen.

Die Parade der blauen Stiefmütterchen ist beträchtlich. Ob einfach Blau, Blau mit schwarzem Auge oder Gesicht, ob Lila- oder helles Silberblau, Weißblau oder zweifarbig blaue Beacon-Typen (die sich alle durch eine hellere Fahne auszeichnen), es bleibt kaum ein blauer Wunsch offen. Und immerzu werden von den Samenproduzenten neue Farbserien auf den Markt gebracht, die es dem Gestalter erlauben mit dieser Vielfalt in unterschiedlichster Weise zu malen. Sei es plakativ und großflächig, sei es impressionistisch getupft und fein in anderen Frühjahrsflor eingestreut – die Möglichkeiten sind ungezählt. Harmonische Ton-in-Ton-Kombinationen, klare Komplementärkontraste oder gewollt schräge Buntheit, die das Auge irritieren kann. Alles ist möglich.

Wer besonderen Wert auf beherrschendes Frühjahrsblau aus einjährigen Pflanzen im Garten legt, wird den Wert von Stiefmütterchen und Horn-Veilchen auch deswegen zu schätzen wissen, weil die Auswahl an Alternativen gering ist. Stattdessen lässt sich die gestalterische Palette unter Zuhilfenahme von Tulpen und Narzissen mit ihren ausdrucksstarken Einzelblüten wunderbar erweitern. Weiße Narzissen-Sorten können kühles Blau im Frühling unterstreichen. Die feinen, spät blühenden *Narcissus*-Triandrus-Hybride 'Thalia' und die noch kleineren 'Petrel' und 'Ice Wings' passen auf diese Weise hervorragend zu den kompakten *Viola*-cornuta-Sorten, während die weiße, frühe Osterglocke *Narcissus* 'Mount Hood' sich eher als Partner großer *Viola*-wittrockiana-Sorten anbietet. Gelbe Narzissen als Kontrast zum Blau, lassen dieses besonders heftig erstrahlen. Bereits in der dritten Märzwoche kann die wertvolle *Narcissus*-Cyclamineus-Hybride 'Peeping Tom' diese Aufgabe für viele Wochen übernehmen.

Wenn auch Blumenzwiebelkataloge diverse »blaue« Tulpensorten offerieren, so lassen sich unsere Augen doch nicht darüber hinwegtäuschen, dass Sorten wie 'Blue Champion', 'Blue Heron' und 'Blue Parrot' letztlich nur violette Töne hervorbringen, die jedoch zur Unterstützung des blauen Violenflors gute Dienste leisten können. Dieser Effekt lässt sich noch durch den Zier-Lauch, *Allium aflatuense*, in der Sorte 'Purple Sensation', steigern. Seine violetten Blütenkugeln bilden eine schöne Ergänzung zu den späten Tulpensorten.

Modernes Stiefmütterchen, *Viola × wittrockiana* 'Hilmar Riesen'.

Modernes Stiefmütterchen, *Viola × wittrockiana* 'Pansy Crystal Bowl Blue Center'.

Eine wirkungsvolle Ton-in-To Komposition, Tulpe 'Blue Parrot' zusamm mit blauen *Viol* *× wittrockiana*.

Sehr schöne Ton-in-Ton-Effekte lassen sich aber auch durch die Kombination der Tulpen mit modernen Sorten des einjährigen Vergissmeinnichts, *Myosotis sylvatica*, erzielen. Die zarten Rispen mit den romantisch blauen Blütchen erfreuen über viele Wochen. Sie säen sich währenddessen zumeist aus. Da die Sämlinge aber nicht unbedingt die Farbe und Wuchsform der Mutterpflanzen bewahren, lohnt es sich immer, die im Handel befindlichen Auslesen zu erwerben. Kombinationen mit anderen Pflanzen lassen sich so in ihrer Wirkung besser kalkulieren.

Man stelle sich vor, die üppig gefüllten Blüten der violetten Tulpe 'Lilac Perfection' zart verwoben mit dem feinen Flor der *Myosotis*-Rispen der Sorte 'Bluesylva'. Wer es noch eleganter mag wird sicher eher zu lilienblütigen Tulpen-Sorten wie 'Burgundy' oder 'Maytime' greifen und kann deren lang gestielten Blüten im Mai noch vom Blau der *Camassia*, den Präriekerzen, umspielen lassen. *Camassia cussickii* und *C. leichtlinii* leisten hier gute Dienste mit ihren rein blauen, feinen Blütenkerzen von 70 bis 90 cm Höhe. *Camassia quamash* erblühen auf nur 30 cm hohen Stielen und eigenen sich somit als Partner kurz gestielter Tulpen-Sorten.

Zuverlässige, blühende Begleiter im Mai sind auch die Hasenglöckchen, die als die »Bluebells« der englischen Wälder bekannt sind. Das atlantische Hasenglöckchen (*Hyacinthoides non-scripta*) hat seine Blütentrauben einseitig angeordnet und ist besonders gut zur Verwilderung im feuchtkühlen Baumschatten geeignet. Das Spanische Hasenglöckchen (*Hyacinthoides hispanica*) verfügt über etwas voluminösere Blütenstände. Es ist auch in rosa und weiß blühenden Sorten populär.

Vergissmeinnicht entwickeln früh im Jahr ein strahlendes Blau, hier die Sorte 'Indigo Compact'.

Fortsetzung des blauen Vorfrühlingsflors im April–Mai

Karl Foerster

Welche Freude, hier ziemlich erstmalig die noch ahnungslose mitteleuropäische Gartenmenschheit mit solchem unbekannten blauen Blumengetümmel früher oder später Monate zu beunruhigen!

Der Lodensteinsame, *Lithospermum purpurocaeruleum*, lebt auf Waldhügeln in Schatten und Sonne Europas und des Kaukasus. Er überspinnt schwierige Schattengartenplätze mit dunklem, sparrigem, glühend blau gesterntem Laubwerk und sieht aus, als hätte ein alter Romantiker sich dieses wildschöne Gebild erdacht, welches nach 20 Jahren, breit auseinander gewachsen, ungepflegte Gartenplätze noch so dicht überspinnt,

In trockene Lagen kann sich der Steinsame, *Lithospermum purpurocaeruleum*, ausbreiten. Im Mai überrascht diese unverwüstlich Pflanze durch tiefblaue Blüten.

dass kein Unkraut dagegen aufkommt. Sein klarer Verwandter im Halbstrauchreich, der Türkis-Steinsame (*Lithodora fruticosa*), ist wert, dass man sich um ihn ein wenig müht und sorgt, wozu – im Gegensatz zum Lodensteinsamen – eine winterliche Nadelholzdecke gehört.

Im Reich der Horn-Veilchen (*Viola cornuta*) ist vor allem die Züchtung 'Hansa' hervorzuheben, die nach Jahren noch schöne, breite Polster bildet. Aber die Edelsorten der *Viola gracilis* erreichen ein noch viel stärkeres Blau und entfalten es von April bis November länger und pausenloser als irgendein Horn-Veilchen. Es kommt aus den griechischen Bergen – ein Gruß aus der Antike –, während das Horn-Veilchen in seiner wilden Stammart dem Atlas angehört[48]. – Die Enzian-Kreuzblume, ein winziges Alpensträußlein, *Polygala calcarea* genannt, fällt durch tiefes, reines Blau auf. Heimatnest: Ostalpen.

48 Nach neueren Erkenntnissen sind die Herkunftsgebiete des Horn-Veilchens die Pyrenäen und Nordspanien.

Veronica teucrium, eine Pflanze für den Steingarten.

Schon früh im April entfaltet die Gattung Veronika ihre besondere Kraft, auch ziemlich trockene Plätze mit reinblauem Flor zu überziehen. Den Beginn macht die Moos-Veronika, *V. armena*, mit glühend blauen, flachen, moosigen Polstern und hält ihre Sendung sechs Wochen lang durch. Ihre unverbrüchliche Treue am alten Gartenplatz macht das Rätsel ihrer langsamen Gartenverbreitung noch erstaunlicher. Ihr folgt in den letzten Aprilzeiten die veredelte Maiteppich-Veronika, *V. prostrata* 'Coerulea' und 'Pallida'[49], in frischem und blassem Blau. Aber die Immergrün-Veronika, *V. fruticans*, zeigt schon durch ihre Heimat von Illyrien bis Grönland, von der Ebene bis zu Höhen von 3000 m, dass sie keine Gartenschwierigkeiten kennt. – Sterne erster Größe erstrahlen im Reich der Büschel-Veronika (*Veronica teucrium*): 'Knallblau', 'Shirley Blue', 'True Blue'.

49 Von den beiden genannten Sorten ist 'Coerulea' nicht mehr im Handel erhältlich.

Der Purpur- und der Feuergünsel, *Ajuga reptans* 'Atropurpurea' und auch 'Variegata', der Silbergünsel, treiben blühende kleine Pagodentürme.

Die Himmelsleiter, *Polemonium × richardsonii*, dieser Bastard zwischen Amerika und Europa, enthält Farbenreize seiner fußhohen Büsche, die schon im April auffallen und weitere Blütenfülle für später bereithalten.

Irrtümlich traut man der Akelei nur blaulila und blasslila Beiträge zur Mehrung des blauen Schatzes zu – vergisst dabei ganz der blauen *Aquilegia alpina* 'Superba' und der *A. glandulosa* var. *jucunda* –, wie auch auf Äckern des Engadin und Wallis die *A. alpina* von ferne Enzianfarben vortäuschen kann.

Viola cornuta 'Cleo', eine ausdauernde Sorte des Horn-Veilchens.

1

***Lithospermum purpurocoeruluem*, Loden-Steinsame**

Familie der Raublattgewächse, Europa bis Kaukasus, fußhoch

IV/V, ○ ⊖ ◎ ◍ △ *f* ✧

Lebt auf Waldhügeln in Schatten und Sonne, ist auch an dumpfen Gartenplätzen Bringer edelsten Blaus. Übermaß von Wachstum ist leicht einzuschränken.

2

***Lithodora fruticosa*, Türkis-Steinsame**

Familie der Rauhblattgewächse, Ost- und Südspanien, spannhoch

V/VI, ⊖ ◎ △ *f*

Das kleine Halbsträuchlein liebt Kalk sowie auch Moorerde, wünscht im Gegensatz zu vorigem leichte winterliche Nadelholzdecke und helle Plätze.

3

***Viola cornuta* 'Hansa', sammetblaulila Horn-Veilchen**

Familie der Veilchengewächse, Nordspanien

Wilde Stammart: Pyrenäen, spannhoch

ab IV remont., ○ ⊖ ◎ △ ✧ ‖

Blauestes der sammetigen Horn-Veilchen! Es verträgt sogar ungute Halbschattenplätze und steht nach 5 Jahren noch in breiten Polstern.

4

***Polygala calcarea*, Enzian-Kreuzblume**

Familie der Kreuzblumengewächse, Ostalpen, ganz niedrig

V/VII, ⊖ ◎ △ *f*

Ein winziges Alpensträußlein, fällt durch sein schönes Blau auf.

5

***Veronica prostrata* 'Coerulea', dunkelblaue Maiteppich-Veronika**

Familie der Braunwurzgewächse, Europa, Kleinasien, spannhoch

V/VI, ○ ⊖ △ *f* ✧ ‖

Ist in unserem Kalender in seinen edelsten Gartenzüchtungen genannt, die im Pflanzjahr mitunter enttäuschen, doch später entzücken.

6

***Veronica armena*, Moos-Veronika**

Familie der Braunwurzgewächse, Türkei, Kaukasus, ganz niedrig

IV/V, ○ ⊖ △ *f* ✧ ‖

Frühestes des April-Mai-Flors von großer Schönheit und Dauer nach der korsischen[50] V. *filiformis*. Alte Kissen überraschen.

7

***Veronica fruticans*, Immergrün-Veronika**

Familie der Braunwurzgewächse, Illyrien bis Grönland, spannhoch

V/VI, ○ ⊖ △ *f* ✧ ‖

Auf Felsen und Magertriften bis 3000 m hoch heimisch, zeigt sie, dass sie es mit allen Gartenschwierigkeiten aufnimmt.

8

***Myosotis alpestris*, blaues Zwerg-Vergissmeinnicht**

Familien der Raublattgewächse, subalpin, alpin, ganz niedrig

V/VI, ⊖ ◎ △

Dieser leuchtend dunkelmarineblauer Zwerg hat fast das ganze Blau des Himmelsherolds, bringt dies in Gärten der Ebene zustande, wozu jener 3000 m Höhe braucht.

9

***Ajuga reptans* 'Atropurpurea', Purpurgünsel**

Familie der Lippenblütler, heimisch, spannhoch

V/VI, ○ ⊖ ◎ △ *f* ✧ ‖ ✂ ❦

Der braunrotblättrige Günsel bringt aus schönen Blattteppichen im Frühling blaue Kerzen. Wucherranken kann man nötigenfalls auf die Finger klopfen!

10

***Ajuga reptans* 'Variegata', Silbergünsel**

Familie der Lippenblütler, heimisch, spannhoch

V/VI, ○ ⊖ ◎ △ *f* ‖ ✂ ❦

Der fröhliche Wachser hat auch die Blüten weiß gesprenkelt und blüht aus silberweißgrünen Teppichen.

11

***Polemonium × richardsonii* 'Pallidum', lavendelblaue Himmelsleiter**

Familie der Himmelsleitergewächse, Bastard zwischen Amerika und Europa, fußhoch bis kniehoch

IV/VI, rem., ○ ⊖ ◎ △ ✧ ❖ ✂ ♡

Enthält schöne Gartenvarianten, die schon im April auffallend und fast kniehoch blühen und wiederholte Blütezeiten haben.

12

***Aquilegia glandulosa*, Zwerg-Akelei**

Familie der Hahnenfußgewächse, Japan, spannhoch bis fußhoch

V/VI, ○ ⊖ ◎ △ ✧ ✂

Diese kurzspornige blauweiße Akelei gehört zu den schönsten!

13

***Tulipa montana*, rote Zwergtulpe**

Familie der Liliengewächse, Vorderasien, spannhoch

IV/V, ○ ⊖ ◎ △ ✧ ✂

Prächtige rubinrote Wildtulpe mit lackschwarzem Kelch.

14

***Aurinia saxatilis* 'Compactum', goldgelber Frühlings-Steinrich**

Familie der Kreuzblütler, Osteuropa, fußhoch

IV/VI, ○ ⊖ △ *f* ‖

Goldgelber Schatz für den Steingarten, niedriger als A. s. 'Citrinum'.

15

***Arabis procurrens*, weiße Schaumkresse**

Familie der Kreuzblütler, Balkan, Südostalpen, ganz niedrig

IV/V, ○ ⊖ ◎ △ *f* ‖ ✢

Dichtes, schaumiges Blühen über immergrünem Winterpolster.

50 Nach neueren Erkenntnissen stammt *Veronica filiformis* aus der Türkei und dem Iran. Allerdings ist es in West- und Mitteleuropa häufig auf wenig gepflegten Rasenflächen eingebürgert.

1.
2.
3.
4.
5.
6.
7.
8.
9.
10.
11
12.
13.
14
15.
E.Bartning

Boraginaceae – Meist raue Gestalten mit feinem Blau

Christian Meyer und
Norbert Kühn

Eigentlich sind es unscheinbare Pflanzen, die meist im lichten Schatten der Gehölze zu finden sind. Blätter und Blütenstiele fühlen sich ungewöhnlich rau an und der Blütenstand neigt sich in den charakteristischen so genannten Doppelwickeln zur Seite. Kaum zu glauben, dass sich darunter robuste Gartenpflanzen mit reinsten Blautönen verbergen. Während die meisten Arten wildnishaft geblieben sind, hat man in den letzen Jahrzehnten innerhalb der Lungenkräuter (Gattung *Pulmonaria*) viele neue Formen erzielt.

Noch vor den Buschwindröschen erwacht das schmalblättrige Lungenkraut (*Pulmonaria dacica*) aus dem Winterschlaf und reckt über Nacht ihre leuchtend azurblauen Blütentrauben aus dem weichen Laubmull des Waldbodens, in dem sie sich am wohlsten fühlen. Kaum ein anderes seiner Lungenkrautverwandten verfügt über so einen reinen Blauton in der Blüte wie die Sorten 'Azurea', 'Blaues Meer' und 'Blue Ensign'. Er ist

Pulmonaria dacica 'Azurea', eine dankbare Frühlingsstaude, die meist unter dem Namen *P. angustifolia* 'Azurea' geführt wird.

frei von jeglichem violetten Unterton. Das erst nach der Blüte sich voll entwickelnde Blatt ist rein grün und fleckenlos.

Die als Gartenpflanzen anspruchsloseren Arten, das Arznei-Lungenkraut (*Pulmonaria officinalis*), welches schon Jahrhunderte Bestandteil von Kräuter- und Nutzgärten ist und auch das gefleckblättrige *Pulmonaria saccharata*, das aus den lichten Wäldern des Balkan stammt, weisen auf ihrem robusteren Blättern silberne Blattflecken und Zeichnungen auf. Manche neue Sorten (wie 'Opal', 'Majeste') sind fast ganz silbern und können damit wahre Glanzpunkte auch in schattige Gartenbereiche setzen.

Es sei in diesem Zusammenhang noch auf *Pulmonaria rubra*, einen echten Frühaufsteher hin-

Die Farbe der Blüten von *Pulmonaria officinalis* variiert von dunkelrosa über rot- bis blauviolett.

gewiesen. Sein sehr seltener korallenroter Blütenfarbton kann eine schöne Ergänzung zu blauen und violetten Nachbarn sein. Zudem erweist es sich als »klassische Langspielplatte«: es blüht in milden Wintern bereits vom Jahreswechsel bis in den April und bildet anschließend eine dauerhafte, haarige und raue Laubdecke aus.

Im ausgehenden Frühjahr blüht das Virginische Lungenkraut, *Mertensia virginica*. Foerster lobt es in höchsten Tönen: »*Es ist vielleicht das schönste aller Lungenkräuter*« (1953). Und tatsächlich: wer einmal an einem lauen Frühlingsabend im Mai im Botanischen Garten Berlin den Teppich aus tiefblauer *Mertensia* gesehen hat, der sich dort unter den amerikanischen Gehölzen ausbreitet, dem werden Foersters blaue Welten ein Stück näher rücken. Die Blätter entfalten sich ab April in einem tiefen dunklen Purpur, um dann langsam zu vergrünen. Sie besitzen einen weichen, bläulichen Wachsüberzug, wodurch sie eher verletzlich wirken und eigentlich so gar nicht zur Familie der Raublattgewächse passen wollen. Leider ist der Flor von kurzer Dauer. Danach zieht die Pflanze vollständig ein und ist schon im Juli nicht mehr zu sehen.

Derbe, wilde Gestalten sind die verschiedenen Beinwell-Arten. Eigenartig zartblau angehaucht sind die cremefarbenen Blüten von *Symphytum grandiflorum* 'Blaue Glocken'. Diese Art erweist sich als guter Bodendecker, der selbst im Kronenbereich alter Bäume dichte Bodendecken von rund 30 cm Höhe zu bilden vermag.

Eine zauberhafte rein blaues Lungenkraut, *Mertensia virginica*, für Frühlingsgärten im lichten Schatten.

Die Verwendung von *Symphytum azureum* im Garten will ganz genau überlegt sein. Denn sollte er sich einmal eingebürgert haben, ist er kaum wieder loszuwerden. Auf frischen Böden bilden sich schnell große Bestände. Im Frühsommer erblühen diese dann in einem kaum vergleichbaren, klaren Mittelblau. Doch damit nicht genug: ein kräftiger Rückschnitt nach der Blüte lässt die Pflanze remontieren. Durch seinen ungehinderten Ausbreitungsdrang ist dieser Beinwell ein Geheimtipp zur Verdrängung des ungeliebten Gierschs. Zunächst den Gierschbestand reduzieren, dann *Symphytum azureum* und *Lysimachia ciliata* (Felberich) der Sorte 'Firecracker' dazwischen pflanzen und schon entwickelt sich ein üppiger Pflanzenbestand, in dem das gefürchtete Unkraut ums Überleben kämpft.

Zarterer Partner bedarf das feine, marineblau blühende Gedenkemein. Dabei ist auch *Omphalodes verna* durchaus in der Lage mit seinen oberirdischen Ausläufern große Flächen im wandernden, kühlen Schatten von Sträuchern und Bäumen zu bedecken, zumindest solange der Boden nicht zu trocken wird. 'Grandiflora' ist eine leider etwas in Vergessenheit geratene, großblumige Auslese. Auch das kompakt wachsende *Omphalodes cappadocica* ist in unseren Gärten selten anzutreffen, obwohl es sogar noch üppiger blüht. Die Sorte 'Starry Eyes', dessen blaue Blüten zarte weiße Ränder haben, hat noch einen ganz besonderen Charme.

Auch das Kaukasus-Vergißmeinnicht, *Brunnera macrophylla*, verfügt über Vergissmeinnicht-ähnliche Blüten in hellem Blau. Sie wachsen im Aufblühen zu reich verzweigten Blütenständen heran und wirken dann ein wenig wie blaues Schleierkraut. Vielfalt zeigt diese dankbare, uns über viele Wochen erfreuende Staude auch in ihren Blattzeichnungen: so gibt es Sorten mit cremefarbenen Blatträndern ('Hadspen Cream'), mit silbernen Flecken ('Langtrees') oder mit silbernem Laub und grünen Adern ('Jack Frost'). Diese neuen Formen machen aus dem dankbaren Langzeitblüher auch noch eine Blattschmuckpflanze für halbschattige Gartenpartien.

Links: Eine moderne Sorte mit silbrig geflecktem Laub: *Pulmonaria saccharata* 'Reginald Kaye'.

Rechts: Sicher eines der unwirklichsten Blaus im Pflanzenreich: *Symphytum azureum*.

Mai, Juni und Juli erblühende blaue Stauden

Karl Foerster

Schon vor der Ritterspornzeit tauchen für die ungeduldigen Blauanbeter wuchtige *Anchusa*-Büsche von stärkster Bläue auf und durchfeuern Gärten und Parkräume auf große Entfernungen. Sie weisen auch den Feuermohnbrand in seine Schranken und entlocken ihm dennoch verstärkte Reize. Während all dieser Vorspiele zügeln schon die Knospentürme der Rittersporne hoch in die heiße Sommerluft hinauf, der sie auf Wochen Kühle und Erfrischung zutragen werden. Allgemach reckt sich im höheren Frühling das bisher kleine blaue Blumengeschmeide zu immer größeren, raumbeherrschenden Farbengestalten der vielen neuen, hoch wachsenden blauen Iris, der breiten Anchusenbüsche und schließlich zu den weithin herrschenden Blütentürmen des Rittersporns. Das Blau zeigt jetzt schon in Farbenrabatten, Uferrändern, in Gruppen der Parkbäume, aber auch in Steingärten, welcher Fernwirkungen es fähig ist.

Anchusa azurea ergeht sich in hellen und dunklen Blaus auf fast meterhohen oder gedrungenen, kugelrunden Büschen. Merke dir den Namen 'Pride of Dover'[51] und beachte auch die Fragen ihrer gärtnerischen Behandlung.

Mit wunderlichem Blau warten die kniehohen Büsche des Enzian-Bartfadens auf, *Penstemon campanulatus*, die im Alter ziemlich breit werden. Man muss diesem wunderlichen Mexiko-Geschenk mit seiner

51 Sorte nicht mehr im Handel; heute übliche Kultivare sind 'Loddon Royalist' (königsblau) und 'Royal Blue' (enzianblau).

Rotviolett, nicht blau, erblüht dieser Bartfaden, *Penstemon* 'Russian River'.

Strahlendes Blau für sonnige Lagen entwickelt *Anchusa azurea* 'Dropmore'.

Linum narbonense, ein Lein aus dem Mittel meergebiet.

1

Anchusa azurea,
blaue Riesen-Anchuse

Familie der Raublattgewächse, Mittelmeergebiet, tischhoch bis brusthoch
v/vi, rem., ○ ⊖ ◎ ⊔ ✧ ❖ ✂
Bildet in Edelsorten meterhohe blaue Büsche, die noch vor der Ritterspornzeit sehr willkommen sind. Die schönste und am straffsten wachsende hat den Namen 'Pride of Dover' und wird nur mäßig hoch. Der Busch wächst ziemlich kugelrund geschlossen und übertrifft an strahlender, heller Bläue, die sogar dem mächtigen Riesenmohn-Feuerwerk dieser Wochen ebenbürtig ist, alle anderen großen Anchusen. Sie liebt geborgenen Gartenplatz von mäßiger Feuchtigkeit, verträgt außerordentlich viel Dürre und hält auf etwas Fichtenreisig-Winterschutz. In rauesten Gegenden schüttet man im Novemberanfang ein wenig trockenes Laub um die Pflanze und legt ein Stück Dachpappe darauf, das mit Fichtenreisern bedeckt wird. Nachbarschaft: *Iris sanguinea* 'Snow Queen', weiße Gräser-Iris.

2

Penstemon campanulatus,
Enzian-Bartfaden

Familie der Braunwurzgewächse, Mexiko und Guatemala, kniehoch
v/vi, ○ ⊖ ◎ ⊔ ✧ ‖ ✂
Das einzige wirklich blaue Penstemon, das unverwüstlich winterhart ausdauert, bildet im Alter breite Büsche von großer Schönheit für Steingärten, Rabatten und Schnittblumengärten. Es ist erstaunlich wenig bekannt, ist ein Passepartout, fühlt sich aber am wohlsten zwischen *Heuchera* und Zaunlilien[52].

3

***Linum narbonense* 'Six Hills',**
Sachs-Hügel-Flachs oder Narbonnen-Flachs

Familie der Leingewächse, westliches Mittelmeergebiet, kniehoch
v/vii, rem., ○ ⊖ ◎ △ ⊔ ✧ ❖ ✂
Dieser Flachs hat ein Blau von solcher Frische, dass der Anblick in der Frühe ein wahres Morgenbad fürs Auge ist. Zehn, fünfzehn Jahre alte Stauden bilden 70 cm hohe, ebenso breite Büsche, die morgens und vormittags in einer unaussprechlich blauen Blütenfülle stehen, die beim besten Willen nicht aufs Papier zu bannen ist! Immer grün den ganzen Winter hindurch, leidet sie im Grün fast regelmäßig im Frühling, sodass man mit Vorteil – wie auch beim Helianthemum – den alten Schopf rücksichtslos zurückschneidet. Der Jungtrieb kommt so energisch, dass er schnell die vollen blauen Büsche aufbaut. Mittags wird das Blau müde und lässt sich gleichgültige Urteile Vorüberwandernder gefallen, während es morgens allseitige Ovationen entgegennimmt. Es steht gern neben *Sedum relexum*, dem Blautannensedum.

4

***Corydalis lutea,* gelber Lerchensporn**

Familie der Erdrauchgewächse, Südeuropa, fußhoch
iv/xi, ○ ⊖ ◎ △ ◍ △ *f* ⊔ ✧ ‖
Dankbarer gelber Schattenmassenblüher, auch für magere Plätze, Umherwucherer.

5

***Fragaria vesca* 'Rügen',**
rankenlose Monatserdbeere

Familie der Rosengewächse, fußhoch
ab v rem., ○ ⊖ ◎ ◍ △ ⊔ ✧ ‖
Beste rankenlose Monatserdbeere mit prächtig schmeckenden Früchten – gut als Einfassungspflanze zu benutzen.

52 Gemeint ist die Gattung *Anthericum* also wahrscheinlich *Anthericum ramosum* oder *A. liliago*.

1.
4.
3.
5.
B. Bartning

53 Von der Gattung *Heuchera* gibt heute unzählig viele Sorten, die v. a. als zierliche Blattschmuckstauden eingesetzt werden. Foerster meint hier wohl *H. sanguinea* mit ihren auffällig rot leuchtenden Blütenglöckchen.

roten Heimatgenossin *Heuchera*[53] oder mit zarten Nachbarfarben eine kleine Empfangsstätte bereiten.

Das Farbbild zeigt auch die Bläue des *Linum narbonense*, des kaum kniehohen Bergflachses, der nach der Heimatgegend nahe dem französischen Narbonne benannt wurde. Er hat in Edelsorten ein Blau von einer Frische, dass der Anblick der wuchtigen, dichten Büsche ein wahres Morgenbad fürs Auge ist. Die Pflanze bereitet uns dieses Morgenfest immer weiter, gesteigert auch in üppiger Altersentwicklung von 10 bis 15 Jahren am alten, wenig guten Gartenplatz. Immer sehr wirkungsvoll wintergrün, verlangt sie aber erfahrungsgemäß im frühen April rücksichtslosen Rückschnitt. Der Jungtrieb erfolgt äußerst energisch. Von Mittag ab wird das Blau müde und lässt sich gleichgültige Blicke Vorüberwandelnder gefallen, während es eben noch am Vormittag allseits bewundernde Blicke entgegennahm. Die schöne Züchtung 'Six Hills' ist hier schon durch solche von noch tieferem Blau übertroffen; aber auch die Sämlingszucht ist lohnend. Der Bergflachs passt in anderthalb Fuß hoher Gestalt besser zu Nachbarn als das oft fast tischhohe *L. perenne*. Der Flor zieht sich so lange hin, dass er auch noch bis zur Goldflachsblüte reicht (*L. flavum*), der Entfalterin des kostbarsten Goldgelbs aller Kleinstauden. Die blauen Sämlinge wachsen auf Wunsch aus jeder Mauerfuge heraus. Dienstbereitschaft und Genügsamkeit gehen über alle Begriffe. Es ist schwer zu fassen, warum der Bergflachs eben erst beginnt, seinen Einzug in die Steingärten und Rabatten zu halten.

Blaue Schwertlilien des Mai und Juni

Christina Tamberg

Iris pallida nahe Florenz erfreuen uns im Mai mit einem blauen Blütenrausch.

Den meisten ist sie als »Schwertlilie« bekannt, doch botanisch heisst sie »Iris«, wie die Göttin des Regenbogens. Ihr Farbspektrum umfasst auch fast den ganzen Regenbogen, nur ein klares Rot kommt in der Natur bei ihren Vertreterinnen nicht vor. Ihre bevorzugte Farbe ist Blau, sodass wir mit den vielen Möglichkeiten, die uns diese Pflanzengattung bietet, das Konzept eines blauen Gartens mit leichter Hand verwirklichen können. Für feuchtere Standorte empfehlen sich die *Iris sibirica* (bartlose Iris), denen ein eigenes Kapitel gewidmet wird. Für sonnige und freiere Standorte im Garten bieten sich die hier beschriebenen *Iris barbata* (Bart-Iris) an.

Es ist verständlich, dass die der Iris eigene Schönheit, die sich aus der Farbe und dem Bauplan der Blüte ergibt, auch in unsere Gärten Eingang gefunden hat. Künstler haben sich schon vor Jahrhunderten dieses auffallenden Objekts angenommen und die Iris auf Bildern und Gebrauchsgegenständen verewigt, doch auch den Züchtern stellte sich eine anspruchsvolle Aufgabe mit der Weiterentwicklung der von der Natur gegebenen Möglichkeiten. Anfang des 20. Jahrhunderts hat in Deutschland die Firma Goes und Koenemann durch Züchtung zahlreicher Sorten das Angebot für den Liebhaber bereichert. Von Anhängern der Iris werden viele dieser alten Sor-

ten noch immer gehegt und erhalten. Gartenfreunde, die die kleineren Blüten lieben, werden an den Sorten 'Rheinfels' in sehr hellem Blau, 'Fatum' mit dunklem Hängeblatt mit weißer Linierung und gelbem Bart und hellerem Domblatt und 'Forsete' in fast einheitlichem Blau mit einem weißen Spiegel auf dem Hängeblatt, Gefallen finden. Bedeutende historische Sammlungen finden sich in den Botanischen Gärten von Pruhonice bei Prag, München und Basel.

Der Gärtner P. Sass aus Schleswig-Holstein, der 1880 nach Nord-Kalifornien auswanderte, wirkte als Vorreiter bei der Verbreitung der Liebe zu den Iris in den USA und hat mit seinen Züchtungen eine für diese Pflanzengattung bedeutende Entwicklung ausgelöst. Die Westküste der USA ist immer noch ein Zentrum kreativer Iris-Gärtnereien. Andere Gärtnereien, die sich den Iris verschrieben haben, sind in Australien, England, Deutschland und Frankreich zu finden.

Schon immer haben sich auch Amateure an der Züchtungsarbeit mit Iris beteiligt. Die Begeisterung, mit der sie sich der Entwicklung neuer Sorten gewidmet haben, wäre nicht halb so fesselnd, hätte die Natur nicht ein großes genetisches Potential dafür zu bieten. Fast jeder Besucher eines Iris-Gartens wird im Mai und Juni von den großen Blüten mit stolzer Haltung, zartem Duft und verführerischem Farbspiel beeindruckt werden. Den Lockungen der Blütenfarben verfallen wir immer an erster Stelle, doch sollten wir auch die Garteneigenschaften wie Ausdauer und Zuwachs bei der Auswahl berücksichtigen; denn viele Vorfahren unserer neuen Gartenzüchtungen stammen aus Ländern, deren Winter frostfrei und relativ trocken sind. Dabei sind *Iris cypriana*, *Iris mesopotamica* und *Iris kaschmiriana* zu nennen. Das Erbgut dieser von der Sonne verwöhnten orientalischen Arten steckt immer noch in ihnen, und die Anpassung an die in unseren Breiten vorherrschenden klimatischen Bedingungen geht nur schrittweise voran.

Auch auf anderen Gebieten als den Stauden erleben wir, dass Schönheitsideale im Laufe von Jahrzehnten erhebliche Wandlungen durchmachen. Der Gartenpflanze Iris haben neue ästhetische Maßstäbe einen Zuwachs an Schönheit und Gartenwürdigkeit gebracht. Waren früher

Die Sorte 'Classic Look' besitzt eine moderne Blütenform. Sie vermehrt sich gut und blüht reichlich.

'Silverado' ist eine hoch prämierte, moderne Bart-Iris in ruhigem Silberblau.

'Pacific Panorama', eine ältere aber sehr zuverlässige, schmalblütigere Iris, die schon 1962 die begehrte Dykes-Medaille gewann.

die Abstände zwischen den Hängeblättern deutlich, so sind diese bei den modernen Iris weitgehend von einem breiten und geschwungenen Blütenblatt gefüllt. Im Idealfall stehen die Hängeblätter in einem Winkel von etwa 45° vom Stängel ab. Der Blick auf eine Iris von der Seite und aus der Entfernung bietet dadurch dem Beschauer erhöhten Genuss. Die vielfach als nicht vorteilhaft angesehene Linierung auf den Hängeblättern, verbunden mit gelblichen Flächen am Ansatz, ist bei den meisten neuen Iris verschwunden. In Verbindung mit der Farbe Blau ist das ein großer Gewinn an Schönheit. Von den oberen Blütenblättern darf der Garten- und Irisliebhaber bei Bart-Iris die geschlossene Form eines Doms erwarten. Geschlossene Domblätter geben nicht nur die schönste Form dieser Blüte wieder, sie sind auch weniger anfällig für Wind und Regen. Eine feste Substanz aller Teile der Pflanze garantiert gute Haltbarkeit bei Unbilden des Wetters, zu denen außer Wind und Regen auch eine schonungslose Sonneneinstrahlung zählen kann. Doch die Züchter geben sich mit dem Erreichten nie zufrieden, darum wird heute zusätzlich auch noch eine hohe Zahl von wohlproportionierten Blüten pro Stiel erwartet. Der Gartenliebhaber darf diese Ansprüche getrost bei der Auswahl von Sorten für seinen Garten übernehmen. Mit vermehrter Freude an den Iris wird er für diese kleine Mühe bei der Entscheidung belohnt werden.

Doch was den Liebhaber immer am meisten interessiert, ist die Farbe seiner Gartenschätze. Die Möglichkeiten bei den blauen Irissorten reichen von hellem Wasserblau über Mittelblau bis Nachtblau. Bodenbedingungen sowie Lichteinfall beeinflussen den farblichen Eindruck. Dom und Hängeblätter können in zwei Schattierungen von Blau vorkommen, wie bei den Sorten 'Proud Tradition' und 'World Premier', es können auch mehrere Farben in einer Sorte kombiniert sein, die Mitte der Blütenblätter kann weiß sein, während die Ränder hell- oder dunkelblau sind, wie in der Sorte 'Classic Look' verwirklicht, auch kann sich das Blau wie zerlaufende Tinte in den Rest der Blüte ziehen, wie in der Sorte 'Batik'. Einen besonderen Akzent kann der Bart setzen, wenn er eine abweichende und kontrastierende Farbe hat.

Dem Liebhaber bietet die Sorte 'Antarctique' aus französischer Zucht Mitte Mai ein Meer blauweißer Blüten.

Schon Anfang Mai blühen Zwerg-Iris, diese allerdings nur mit zwei bis drei Blüten pro Stiel. Die Sorten 'Morgendämmerung' in weißblau und 'Raindance' in hellblau sind hier die Augenfänger, wenn sie in den Vordergrund von gemischten Rabatten gepflanzt werden. Anschließend blühen die mittelhohen Bart-Iris (Intermedias). Sie finden immer mehr Anhänger unter den Liebhabern, die die schlichtere Variante mit kleineren Blüten bevorzugen. Hier ist die Sorte 'Antarctique' zu nennen.

Den Schwerpunkt in der Blütezeit der Iris bilden die Hohen Bart-Iris mit ihren großen und stolzen Blüten. Sie sind die bedeutendste Gruppe der *Iris barbata*. Die Auswahl im vielseitigen Angebot erfordert hier besondere Abwägung. In Silberblau bietet sich die Sorte 'Silverado' an. Bei der Sorte 'Grecian Skies' wird das Himmelblau der Blütenblätter ergänzt durch den kräftig orange gefärbten Bart. Als besonders zuverlässige und ausdauernde Sorte ist die einheitlich gefärbte 'Pacific Panorama', eine ältere Sorte, zu nennen. Bei ihr findet man zwar nicht die beliebte runde Form, doch sie bringt mit elegantem Schwung das Blau des Sommerhimmels in jeden Garten. Etwas dunkler ist die moderne Sorte 'Breakers', die bei entsprechender Kultur auch noch mit Nachblütestängeln erfreut. Aus französischer Züchtung bieten sich die Sorten 'Heure Bleue' und 'Mer Du Sud' an. Einen dramatischen Akzent setzen im Garten die Sorten in dunklem Blau. Ihre Wirkung lässt sich mit einem Paukenschlag in einem Orchesterstück vergleichen. In ihrer Farbgruppe gibt es mit Variationen in Form und Farbnuancen viele interessante Sorten, die auch den Anforderungen an Ausdauer und Vermehrungskraft besonders entsprechen. Hier haben sich unter vielen anderen die Sorten 'Dusky Challenger' in kräftigem Dunkelblau, und die sehr dunklen Sorten 'Hello Darkness', 'Midnight Express' und 'Black Tie Affair' bewährt.

Der Gartenliebhaber, der die Vielfalt der Zierpflanzen in seinen Garten holen will, kann die Iris mit vielen anderen Stauden kombinieren. Eine sehr schöne Kombination zu blauen Iris sind Clematis und weiße Sorten von frühen Strauch-Päonien. Später blühende blaue Iris erhalten mit weißen Sorten vom Rittersporn eine wirksame Ergänzung. Will man nicht in diesem Farbschema bleiben, so bieten die Stauden-Mohne in Rosa oder Rot einen aufregenden Kontrast. Bei der Pflanzung sollte aber immer bedacht werden, dass die Bart-Iris zu anderen Pflanzen gern einen gebührenden Abstand halten, denn sie wandern mit neuen Rhizomen nach erfolgter Blüte weiter an einen frischen Standort. Aufpflanzungen in großen Mengen beeindrucken durch das Gesamtbild der Farben. Doch kann der Beschauer die individuelle Schönheit ausgewählter Irissorten, die als Solitäre gepflanzt wurden, besonders würdigen.

Dreiklang aus Blau *(Iris sibirica)*, Weiß *(Polemonium* und weiße *Iris sibirica)* und Ge *(Alchemilla mollis)* vor eine grünen Hintergrund.

Sibirica-Iris und andere bartlose Iris in Blau

Tomas Tamberg

Die vorrangig in Europa heimische *Iris sibirica* hat in züchterischer Kombination mit ihrer fernöstlichen Verwandten *Iris sanguinea* eine Vielzahl gartenwirksamer Hybriden hervorgebracht, die in neuerer Zeit beginnen, mit den Bart-Iris um die Aufmerksamkeit der Gartenliebhaber zu konkurrieren. Hierzu mag auch die Tatsache beigetragen haben, dass diese Iris, die auch Wiesen-Iris genannt werden, mit ihrem schmalen, grasartigen Laub besonders gut in naturnahe Gärten passen. Im Wesentlichen muss aber die wachsende Bedeutung dieser Iris-Gruppe auf den Erfolg ihrer züchterischen Bearbeitung zurückgeführt werden. In England, Deutschland und den USA tätige Züchter haben erreicht, dass sich die

heutigen *Sibirica*-Kulturformen weit über die bescheidene Schönheit der Wildarten hinaus zu Gartenjuwelen entwickelt haben. Mehrere Aspekte der Steigerung sind im Vergleich mit älteren *Sibirica*-Sorten zu erkennen: Die Blüten sind größer und die Blütenblätter breiter geworden; die Oberflächenstruktur der Hängeblätter ist bei vielen Sorten samtig geworden; die Farben sind reiner und leuchtender und das Farbspektrum ist vielfältiger geworden. Es reicht im Farbbereich Blau vom hellsten Weißblau bis zum Schwarzblau. Darüber hinaus sind *Sibirica*-Iris in Weiß, Rosa, Weinrot und Gelb vorhanden.

Die modernen *Sibirica*-Iris lassen sich in zwei Gestaltgruppen einteilen: Sorten, bei denen das Erbgut von *Iris sibirica* überwiegt, zeichnen sich durch schmalblättrigen, säulenförmigen Wuchs und durch hoch über dem Laub stehende, relativ kleine Blüten aus. Diese werden in unterschiedlichen Höhen an gut verzweigten Blütenstielen entwickelt und zeigen aufrecht stehende Standards (Domblätter) und nach unten zeigende Hängeblätter. In der Regel sind bei diesen Kulturformen alle Blütenblätter breiter als bei der wilden *Iris sibirica*; deren grundsätzliche Form bleibt jedoch erhalten. – Kultursorten, bei denen das Erbgut von *Iris sanguinea* überwiegt, haben breiteres Laub und Blütenstiele, deren Spitzen das Laub nur wenig überragen. Die großen und meist flachen Blüten öffnen sich vorwiegend in einer Ebene über den Blattspitzen. Alle Blütenblätter sind breit, sodass sich im Extremfall ein flachrundes Blütenbild ergeben kann. Die Blütenstiele dieser Sorten sind weniger verzweigt, können aber doch bis zu 5 Knospen hervorbringen. – Bei der Entwicklung der modernen *Sibirica*-Iris haben sich die Züchter zunächst auf den zuletzt beschriebenen Pflanzentyp konzentriert, weil hier besondere Erfolge zu erzielen waren. Erst danach rückte der zierlichere, *Iris sibirica* näherstehende Pflanzentyp wieder ins Visier der Züchter. Heute gibt es zahlreiche neue Sorten aus dieser Gestaltgruppe. Was die Stängelhöhen der einzelnen Sorten angeht, so reicht das Sortenspektrum von Zwergsorten mit 25 cm Höhe bis zu schulterhohen »Riesen«.

Mit *Sibirica*-Iris lassen sich wunderbare Farbflächen in abgestuften Intensitäten erzeugen, die Ende Mai/Anfang Juni zur Hochblüte kommen. Die Reinheit ihrer verfügbaren Blautöne wird auch vom Blau der Hohen Bart-Iris nicht übertroffen. Starke Kontraste können in Kombination mit *Papaver orientale*-Sorten in dunkelroten, weißen oder rosa Farbtönen sowie mit hellgelben Strauch-Päonien geschaffen werden. Gute Nachbarn für *Sibirica*-Iris sind auch Taglilien, deren Blütezeit an die der Iris anschließt. Oft werden *Sibirica*-Iris mit vorteilhafter Wirkung in der Nähe von Wasserflächen angepflanzt. Dabei ist jedoch zu bedenken, dass diese Iris nicht mit den Wurzeln in stehendem Wasser kultiviert werden sollen, weil sie darunter stark leiden. Normale, möglichst sonnige Gartenbeete mit leicht saurer Bodenreaktion sind optimal, wenn während trockener Perioden mit Gießwasser geholfen wird. Unter diesen Bedingungen wachsen *Sibirica*-Iris zu großen Horsten heran, die bei guten Sorten früh im Jahr durch ihre Blütenfülle und später durch die Schönheit ihres Blattwerks überzeugen. Ein weiterer Vorteil von *Sibirica*-Iris, verglichen mit anderen Iris-Gruppen, ist die Langlebigkeit an einem Standort. Bei guten Kulturbedingungen können ihre Horste 5 bis 8 Jahre an einem Standort verbleiben, bis sie entweder im Wuchs nachlassen oder zu groß werden. In beiden Fällen sollte dann der Horst aufgenommen und in Teilstücke zerlegt werden. Nach dem Ausspülen der Erde mit einem Wasserstrahl pflanzt man an neue Pflanzplätze. *Sibirica*-Iris müssen so tief gepflanzt werden, dass das Rhizom mit 3 bis

5 cm Erde bedeckt ist. Beste Pflanzzeit ist Ende März /Anfang April oder, etwas weniger günstig, Anfang September.

Bei der Empfehlung von Sorten wird im Folgenden neben der Blütenschönheit insbesondere die Gartentauglichkeit unter mitteleuropäischen Klimabedingungen berücksichtigt. Nachdem die Züchtung von *Sibirica*-Iris in den USA unter erheblich wärmeren Klimabedingungen betrieben wird, hat dieser Aspekt erhöhte Bedeutung erlangt.

Das Spektrum der blauen Farbtöne bei *Sibirica*-Iris kann mit folgenden empfohlenen Sorten dargestellt werden. Als schönste Hellblaue kann 'Über Den Wolken' bezeichnet werden. Sie produziert an gut verzweigten Stielen breite Blüten in reiner Farbe, ist jedoch in Kultur nicht ganz problemlos, weil sie relativ häufiges Umpflanzen braucht. Robuster ist dagegen 'Hellblauer Riese' mit etwas dunkleren und sehr großen Blüten. Auch die ältere englische Sorte 'Cambridge' kann als Hellblaue noch immer empfohlen werden. Eine interessante Kombination von hellblauen Farbtöne zeigt 'Blaue Milchstrasse'. In hellem Mittelblau ist die Sorte 'Space Filled' mit sehr großen Blüten in klassischer Form zu erwähnen. Dunkleres Mittelblau zeigt die Sorte 'Blaumacher', die sich durch besondere Reichblütigkeit auszeichnet. Schon zum Dunkelblau tendierend weist die Neueinführung der Karl Foerster Gärtnerei 'Fahrt Ins Blaue' eine deutliche weiße Haarlinie um die gewellten Hängeblätter auf. Ganz im dunkelblauen Farbbereich liegen 'Prussian Blue', 'Nachtgesang' und die amerikanische 'Over In Gloryland', die *Sibirica*-Iris mit der wohl schönsten Einzelblüte. Als unentbehrlicher Kontrastgeber zu den blauen Farben soll an dieser Stelle aber auch noch eine weiße *Sibirica*-Iris erwähnt werden. Die Sorte 'Viel Schnee' entwickelt bis zu fünf große weiße Blüten

Oben: Eine Wildform von *Iris sibirica*.

Unten: *Iris sibirica* 'Über den Wolken' – eine moderne Form in Himmelblau.

an ihren immer aufrechten Stielen. Sehr ähnlich, aber mit etwas späterer Blüte wächst 'Dreaming Late'.

In Anschluss an die *Sibirica*-Iris müssen hier noch einige andere blaue, bartlose Iris zumindest erwähnt werden. Eine besonders reinblaue Iris, die es liebt, mit ihren Wurzeln im Wasser zu stehen, ist die fernöstliche *Iris laevigata*. Von ihr gibt es eine Reihe von blauen Farbvarianten, die von Hellblau bis Tiefblau reichen. In England kann man reichblühende Horste dieser Iris, von der es auch eine panaschierte Variante gibt, am Rand von Wasserläufen oder Teichen bewundern. Sie ist auch bei uns winterhart, aber nicht immer leicht zu beschaffen. – Eine andere Iris mit einem ähnlichen blauen Farbspektrum, die in ihren Kulturansprüchen eher den Sibirica-Iris ähnelt, ist *Iris setosa*. Sie kommt selbst nördlich des Polarkreises vor und ist als extrem winterhart einzuschätzen. Sie kann zwischen 15 und 100 cm hoch werden und zeichnet sich bei den höheren Formen durch eine große Knospenzahl pro Stiel aus. Ganz im Gegensatz hierzu steht die extrem früh blühende *Iris ruthenica*, die dichte Polster mit vielen kurzen Blütenstielen bildet. An ihnen entwickeln sich jeweils ein bis zwei blaue Blüten. Die Art kann auch als Steingartenpflanze gut zur Geltung kommen. Eine kleinblütige blaue Iris für eher trockene, sonnige Standorte ist *Iris lactea* aus den Steppen Zentralasiens. Diese voll winterharte, aber nicht immer blühfreudige Art hat viele Farbvarianten zwischen weiß und blau und zeichnet sich durch einen deutlichen Duft aus. Wahre Riesen sind dagegen die modernen *Spuria*-Iris, von denen hellblaue bis dunkelblaue Sorten gezüchtet wurden. Da dies vorwiegend in den warmen Gebieten der USA erfolgte, brauchen die modernen *Spuria*-Hybriden für regelmäßiges Blühen und gute Vermehrung vollsonnige Standorte auf möglichst schweren, nährstoffreichen Böden.

Iris sibirica 'Fahrt ins Blaue' – tiefblaue Blüten mit gewelltem Rand.

Eine wüchsige Sorte in Weiß: *Iris sibirica* 'Dreaming Late'.

Eine wichtige, rätselhafte Staude von monatelangem Flor

Karl Foerster

Pflanzen von sehr langer Blütezeit, wie es deren so viele gibt, haben ganz besonderen Anlass, in hohen neuen Qualitäten aufzutreten, damit ihr langes Blühen uns jahraus, jahrein nicht allzu gewohnt wird.

Der Tradeskantie, also der Dreimasterblume, die von Frühling bis Herbst blüht, ist dies in den prächtigen Züchtungen 'Leonora', dunkelblau, 'J. C. Weguelin', hellblau, 'Alba Maior', weiß, und der echten roten 'Sanguinea' gelungen. Immer wieder überrascht uns ein Leben lang der rätselhafte Reiz dieser virginischen[54] Abenteurer, die, wie so viele seltsame Pflanzen, eine Botschaft aus versunkenen Lebensreichen zu sein scheinen: Wie schön, wenn die im Alter schließlich dreiviertel Meter breiten und etwas mehr als fußhohen Büsche zwischen Gräsern oder Blattpflanzen hervorblühen, was sie ebenso an Ufer- oder Bachrändern wie an recht trockenen, sonnigen Plätzen fertig bringen. Im Halbschatten blühen sie nur halb so lange, womit sie dennoch eine beträchtliche Dauerleistung vollbringen. Abgeschnitten lässt man sie gern steil aus flachen Schalen herausblühen, gestützt von künstlerisch einwandfreien Haltegeräten unter Wasser, begleitet von ein paar Gräserhalmen. Der Wasserstand braucht nur ganz flach zu sein, was ebenso überrascht wie bei den Ligularien. Sechs Tage lang öffnen sie immer neue Blumen. In starker Vergrößerung kann man Saftströmungen der Pflanze im Innern der Blüten und Staubgefäße erleben. Lästig wird manchmal ihr reichlicher Sämlingswurf, der am besten, wie Unkraut entfernt wird, um jedoch an anderer Stelle zwecks Prüfung aufgepflanzt zu werden. Die Pflanze ist

54 Die Kulturformen der Dreimasterblume stammen wohl nicht nur von *Tradescantia virginiana*, sondern auch von *T. ohiensis* und *T. subaspera* ab. Daher führen sie heute den botanischen Namen *Tradescantia × andersoniana*. Die aufgeführten blauen und weißen Formen sind noch im Handel erhältlich, 'Sanguinea' dagegen nicht mehr.

Tradescantia* × *andersoniana,
Dreimasterblume
Familie der Commelinagewächse, USA, kniehoch
v/x, ○ ⊖ ⊔ ✧ ✣ ✂
Die Dreimasterblume ist in ihren schönen hell- und dunkelblauen, weißen und porzellanblauen Sorten zu den längstblühenden blauen Stauden zu rechnen. Schöne Gegenfarben sind die weiße *Tr.* 'Alba Major', *Tr.* 'White Giant' und die rote *Tr.* 'Sanguinea' [55], härteste unter den roten guter Farbenstufung. In einem abgelegenen botanischen Garten fanden wir die beinahe doppelt so hohe *T. subaspera* in solcher Fülle blauen Flors, wie die *virginiana* kaum je hervorbringt. Höhe fast 1 m. – Tradescantien vertragen Dürre und Halbschatten, ziemlich feuchten Boden, scheinen stauende Nässe nicht gut zu vertragen, blühen von Mai bis Oktober. Passen in Staudenrabatten, Ufergärten, Schattengärten, Schnittblumengärten. Im Schatten blühen sie nicht so lange. Die Pflanzen werden im Alter wuchtig, bis 80 cm breit.
Nachbarschaft:
Trollblumen und Taglilien.

1
Tradescantia* × *andersoniana
'Iris Prichard'
Großblumige weiße Dreimasterblume mit blauem Staubfadenbündel.

2
Tradescantia* × *andersoniana
'J. C. Weguelin'
Schönste hellblaue Dreimasterblume!

3
Tradescantia* × *andersoniana
'Leonora'
Und dies die beste Dunkelblaue.

4
Tradescantia* × *andersoniana
'Hutchisonii' [56]
Prächtig lavendellila Variante.

5
Luzula sylvatica, **Breitblatt-Marbel**
Familie der Binsengewächse, heimisch, kniehoch
III/V, ○ ⊖ ◎ ◍ ✧ ✣
Wintergrünes Staudengras für Schatten und Trockenheit, Dürre oder Feuchtigkeit. Nachbarschaft: Farne.

55 Von den genannten drei Sorten ist nur noch 'Alba Major' im Handel erhältlich.

56 Die Sorte ist nicht mehr im Handel erhältlich.

Esther Bartning

gleichfalls auf dem Wege zu größerer Schönheit; durch die neue riesenblütige weiße Sorte 'Gigantea'[57] ist wieder ein Bann gebrochen.

Virginien[58] – von den Entdeckern vielleicht nach der Unberührtheit jener Gegenden getauft – verdankt unser Garten mehr, als wir überschauen können: den stahlblauen Riesenwacholder, die großfrüchtige Erdbeere, die in Verbindung mit einer chilenischen das Stammreich unserer Gartenerdbeere bildete, die Akazie (Robinie), die wir in all ihren Formen nicht missen mögen, das virginische Lungenkraut, das in erster Aprilhäfte Perlmuttergehänge entfaltet, die aus eigenartiger Wurzelkugel aufsteigen.

Zum vollen geistigen Besitzergreifen wird ja hier wie überall ein lebendiges Wissen um die Wildheimat der Pflanzen gehören. Wie und wo wachsen also Akazienwälder, großfrüchtige Erdbeeren, Riesenwacholder und Tradeskantien? Von den Mertensien wissen wir aus Fotografien, dass sie im April ganze Waldränder und Waldwiesen blau färben. – Wir hätten gern Bilder, welche die Nachbarschaft all dieser Dauerpflanzen ebenso sinnfällig zeigen wie die der blauen Virginierin. Unsere Fantasie verlangt nach den kosmischen, also den geografischen, landschaftlichen, klimatischen und ökologischen Wurzelbereichen jeder Edelpflanze.

57 Die Sorte ist nicht mehr im Handel erhältlich.

58 Alte Bezeichnung für einen Teil der USA, der sich etwa mit dem Bundesstaaten West Virginia und Virginia deckt.

Storchschnabel – Blaue Multitalente

Christian Meyer

Verschwenderische Fülle blauvioletter Blüten: *Geranium* × *magnificum*.

Ob als Hauptdarsteller, als charakterstarke Nebenrolle oder nur als Statist im Hintergrund: innerhalb der großen Storchschnabel-Familie verfügen die Mitglieder der (meist) winterharten Gattung *Geranium* über vielseitige Talente.
Ob im Schatten alter Bäume, als pflegeleichte Bodenbedeckung in sonniger Lage, als Einfassungen von Beeten, als blühwilliger Rosenbegleiter, als Lückenfüller oder Farbvermittler in der Staudenrabatte, als Blattschmuck- oder Kübelpflanze: für Storchschnäbel gibt es viele Einsatzbereiche. Zudem sind sie in vielen Abstufungen innerhalb der pastellenen Farbpalette von weiß, rosa, violett bis blau erhältlich.

Der Star unter den blauen Storchschnäbeln war über lange Jahre der Pracht-Storchschnabel (*Geranium* × *magnificum*). In Sachen Blütengröße und blauer Strahlkraft ist er es auch heute noch. Leider dauert seine Blütezeit nur wenige Wochen. Eine Bereicherung stellt die violettblaue *Magnificum*-Sorte 'Rosemoor' dar. Sie wird nur rund 40 cm hoch, bleibt nach der Blüte ansehnlich und erfreut im Spätsommer mit einem zweiten Flor.

Zartwüchsig, aber mit beeindruckend blauen Blüten ist der schon altbekannte Himalaya-Storchschnabel 'Gravetye' (*Geranium himalayense*). Von noch reinerem Blau hingegen ist die wüchsigere, aber ansonsten sehr ähnliche Hybride 'Johnson's Blue'.

Diese Arten treffen mit dem Frauenmantel in die hohe Zeit der Rosenblüte und empfehlen sich somit als »Vermählte« für harmonische Farbdreiklänge.

Der heimische, blaue Wiesen-Storchnabel (*G. pratense*) fühlt sich eher im Naturgarten und in der Blumenwiese wohl, in der die bis hüfthohe Gestalt auch an anderen Pflanzennachbarn Halt findet. Ein Rückschnitt gegen Ende Juni verhindert eine allzu lästige Aussaat und löst eine zweite Blütenperiode aus.

Auch der heimische Wald-Storchschnabel (*G. sylvaticum*) macht eine gute Figur in naturhafter Benachbarung. In halbschattigen Gartenzonen zeigt er im Mai eine reiche, blauviolette Blüte an kniehohen Trieben und bleibt darüber hinaus – auch ohne Rückschnitt – als gesunde und standfeste Blattpflanze erhalten. Mit einer zweiten Blüte ist hier allerdings nur bei der Sorte 'Mayflower' zu rechnen. 'Amy Doncaster' zeichnet sich durch leuchtend blaue Blüten mit weißem Auge aus.

Von gänzlich anderem Wuchs zeigt sich *Geranium wlassovianum*, welches aus dem östlichen Sibirien stammt. Neben der späten, blauvioletten Blüte, die vom Sommer bis in den Herbst hinein reicht, sind es auch die Laubqualitäten dieser Art, die es in halbschattigen Gartensituationen so brauchbar machen. Rötlich oliv austreibend, sind die Blätter später braun schattiert und bilden an lagernden Trieben eine fußhohe Bodenbedeckung, die sich im Herbst orangerot verfärben kann.

Auch vom Kaukasus-Storchschnabel (*Geranium renardii*) gibt es seit einigen Jahren attraktive blaue Blüher, dank der Einkreuzungen mit dem

Einen intensiven Blauton besitzt *Geranium* Himalayense-Hybride 'Johnson's Blue'.

aus der Nordosttürkei stammenden *Geranium platypetalum*. 'Philippe Vapelle' und 'Terre Franche' heißen die attraktiven Abkömmlinge, die mit ihrem attraktiven, graugrünem Laub zudem zuverlässige Bodendecker ergeben.

Einige neuere Storchschnabel-Hybriden lohnen den Einsatz bereits in geringer Stückzahl, da sie dank langer Triebe auch einzeln stehend in der Lage sind, einen Quadratmeter offenen Boden abzudecken. 'Brookside', 'Nimbus' und 'Orion' gehören zu dieser Gruppe von *Geranium*-Pratense-Hybriden, welche Rabatten über viele Wochen mit ihren Blautönen bereichern können oder, an den Fuß einer Strauchrose gesetzt, diese erklimmen und – mit den Blüten des Fingerhut ergänzt – so für romantische Szenen sorgen.

Als neuer Stern am blauen Blütenhimmel wird sich die *Geranium*-Hybride 'Rozanne' durchsetzen. Seine Qualitäten scheinen alles Bisherige zu übertreffen: relativ große, blaue Blüten zieren die breitwüchsige Art vom Juni bis zum Frost in halbschattiger bis sonniger Lage, sodass sie sowohl für die Rabatte wie auch zur Kübelbepflanzung zu empfehlen ist.

Links: Eine der neueren Sorten mit weit ausladenden Trieben: *Geranium* 'Brookside'.

Rechts: *Geranium* 'Rozanne' ist ebenfalls sehr wüchsig und wird deshalb auch als Ampelpflanze eingesetzt.

Das Besondere an den Foerster-Rittersporne

Konrad Näser

Ein Rittersporn aus der *Bella-donna*-Gruppe: 'Kleine Nachtmusik'. Diese Rittersporne sind kleiner, besitzen zahlreiche Seitenrispen und tief geschlitzte Blätter.

»Ich diene hier seit Jahrzehnten als helfender Erdgeist der blauen Blume und ihrer Zukunft, ... eine Garde blauer Riesengewächse ward aus dem Boden gestampft, aus Sand und Hitze und Kleinarbeit emporgehungert und emporgedürstet – rittersporngewordene Leidenschaft des Menschen für den Rittersporn« (Foerster nach Kreuter 1978).

Die hier von Karl Foerster im Zenit seines Schaffens angesprochenen Hohen Stauden-Rittersporne (*Delphinium* Elatum-Gruppe) hatten bereits ein halbes Jahrhundert Züchtungsgeschichte hinter sich, als er 1907 begann, seine eigenen Vorstellungen von einem neuen hohen Garten-Rittersporn zu verwirklichen.

Zunächst sammelte er alles, was an Rittersporen schon vorhanden war, um einen Überblick zu bekommen und Vergleiche ziehen zu können. Er hatte 1903 die Rittersporne von Nonne und Höpker in Ahrensburg kennen gelernt, konnte auf die Züchtungen von Junge in Hameln, Wilhelm Pfitzer in Stuttgart sowie von Goos und Koenemann in Niederwalluf zurückgreifen und sie in seine Beobachtungen einbeziehen. Die *Delphinium* Belladonna-Sorte 'Andenken an August Koenemann', von der er sehr begeistert war, hatte er noch bis 1940 im Sortiment.

Auch die Sorten ausländischer, vor allem englischer Züchter, waren ihm bekannt, z. B. die Rittersporne von James Kelway, dessen 'King of

Delphiniums' jahrelang in Bornim kultiviert wurde, oder die Standardsorte von Blackmore & Langdon, 'Millicent Blackmore', die bis 1939 in Bornim nachweisbar war. Aus Holland kamen die besten Rittersporne von Ruys aus Dedemsvaart, darunter die beiden *Belladonna*-Sorten 'Capri' und 'Moerheimi'. Letztere wurde 1910 in den Handel gegeben, und bereits 1912 konnte sie Karl Foerster in Bornim anbieten. Er war gut über die Ergebnisse anderer Züchter informiert.

Auf den Beobachtungsquartieren der jungen Bornimer Gärtnerei wuchs eine bunte Gesellschaft von Ritterspornsorten der unterschiedlichsten Zuchtrichtungen heran. Sie mussten ihre Eigenschaften unter den dortigen Boden- und Klimaverhältnissen dem kritischen Blick Karl Foersters offenbaren. Die Mängel, die er fand, hat er selbst mit seinem feinen Humor beschrieben. Die Forderungen aber, die er an die neu zu schaffenden, besseren Sorten stellte, waren so anspruchsvoll, dass sich die gewünschten Fortschritte nur langsam einstellten.

Seit 1911 zog er Tausende von Rittersporn-Sämlingen in den Bornimer Quartieren heran. Einzelpflanzen davon, alle noch ohne Namen, wurden auch schon verkauft. Aber eine Namens-Sorte, die seinen Vorstellungen entsprach, war lange Zeit nicht dabei. Nur einmal, 1912, bot er mit gewissem Stolz als »*Neuheit eigener Zucht in reinem Enzianblau*« die Sorte 'Arnold Böcklin' an, die vermutlich eine Belladonna-Sorte war. Es ist nicht auszuschließen, dass sie für ihn zum Muster für alle weitere Züchtungsarbeit wurde. Die Beschreibungen des inzwischen verlorenen gegangenen Rittersporns lassen darauf schließen. »*Keine andere Delphinium-Sorte reicht auch nur annähernd in der Färbung an die Reinheit dieser Farbe heran*« (Foerster 1912). Diese Aussage deutet das Ziel an, auf das Karl Foerster zustrebte: klare, leuchtende Farben.

Mehr als zehn Jahre sollten aber noch vergehen bis zur Geburtsstunde des ersten nachweisbar von Foerster gezüchteten hohen *Elatum*-Rittersporns. Es war die hellblaue Sorte 'Berghimmel', die er 1926 als eigene Züchtung vorstellte. Bis heute wird sie in vielen Staudengärtnereien vermehrt und gilt noch immer als eine der besten Foerster-Sorten überhaupt.

Wir wissen nicht, wie lange sie vom Züchter kritisch beobachtet wurde. Er selbst »*wollte nicht nur Pflanzen auf den Markt werfen, sondern sie durch den Enttäuschungsfilter der fünfjährigen Dauerbeobachtung unverpflanzter Stöcke jagen*« (Foerster 1935). Doch der Zeitraum von 'Arnold Böcklin' bis zu 'Berghimmel' lässt erkennen, wie genau, unerbittlich und immer wieder erneut Karl Foerster geprüft, verglichen und bewertet

Die *Elatum*-Rittersporne (hier die Foerster-Sorte 'Ariel') besitzen lange und dicht besetzte Blütenstände.

Das Blüteninnere der Rittersporne, bestehend aus Staubgefäßen und Fruchtknoten, wird auch Auge oder Biene genannt.

haben muss, bevor er sich entschloss, die Palette der bereits vorhandenen Sorten um diese neue zu erweitern.

Danach schien der Bann gebrochen. Vermutlich standen schon jahrelang viele weitere Kandidaten in den Prüfbeeten, die nun in rascher Folge aus den Anfängen ein Sortiment *»Foerster-Rittersporne«* heranwachsen ließen. Bis 1930 folgten dem 'Berghimmel' weitere 13 neue Sorten, und bis 1935 war die Gesamtzahl schon auf 29 angewachsen. Karl Foerster glaubte, sich verteidigen zu müssen. 1935 schrieb er im *»Bornimer Wegweiser«*: *»Wenn nun eben eine größere Anzahl lange vorbereiteter und bewährter Sorten verbreitungsreif wird ..., so besteht kein Anlass, diese Herausgabe teilweise zu vertagen. Der Grund, dies aus Furcht vor der geringeren Einschätzung des Wertes jeder dieser Einzelsorten bei einer solchen plötzlichen Sturzwelle blauer Neuheiten zu tun, ist unzureichend und unsachlich. Der Vorwurf der »Sortenmacherei« ist zwar naheliegend, dürfte aber bei Neuzüchtungen von so schwieriger, kostspieliger und zeitraubender Vorbereitung wie bei Delphinium nur von Nichtkennern erhoben werden.«*

Nun war auch die Zeit gekommen, das eigene Werk zu würdigen. Im gleichen *»Bornimer Wegweiser«* verkündete Karl Foerster: *»Die idealen Rittersporne sind da. – Besser würde man sagen: die ideal-realistischen sind errungen. Es ist ... das Naheliegendste von der Welt geschehen: den reinblauen Tönen himmelblau, enzianblau, kornblumenblau, nachtblau, eisblau, meergrünblau ihr Recht werden zu lassen, neben jenen Übergangstönen lila, violett, amethyst, rosenquarz, opal.«*

Unter diesen Sorten der *»blauen Sturzwelle«* tauchen Namen auf, die bis heute einen guten Klang behalten haben: 'Alpenbote', 'Blickfang', 'Gletscherwasser', 'Perlmutterbaum', 'Traumulus', 'Tropennacht'.

Zwölf Zuchtziele gibt Karl Foerster in »Der neue Rittersporn« von 1936 an, die ihm für den *»idealen Rittersporn«* vorschwebten und mit denen er erreichte, dass sich seine Sorten bis heute so deutlich von anderen Zuchtrichtungen unterscheiden, dass man zu Recht vom Typ der *»Foerster-Rittersporne«* spricht.

An erster Stelle nennt er die Blütenfarben:

»Wir wollen uns zunächst mal ein paar Jahr-

zehnte um wirkliche Blaus bemühen, die doch die Urdomäne des Rittersporns sind! Ist es nicht erstaunlich, wieviel Zuckerbäckereien und Zwischentöne mehrere Jahrzehnte lang von unzähligen Züchtern ... geschaffen wurden, und wie verschwindend wenig edle, rein himmelblaue, azurblaue und tiefblaue Rittersporne ... erst vorhanden sind«. Diese Farbreinheit zeichnet Foersters Sorten von Anfang an aus, z. B. 'Azurriese', 'Finsteraarhorn', 'Sternennacht'. »*Azurblau ist die Kaiserin der Farben – alle anderen Farben hängen an ihrem Wort. Dies Blau ist wie ein heiterer Weiser, welcher dem Streit der Nachbarschaft Frieden gebietet*« (Foerster 1950).

Nur bei wenigen Sorten ließ er Zweifarbigkeit oder Zwischentöne gelten, wenn die anderen Merkmale überragend waren, wie bei 'Malvine' und 'Tropennacht'. Zusätzlich belebt die Farbe der Blütenmitte, gärtnerisch das »*Auge*« genannt, die optische Wirkung einer Sorte, denn sie steht oft im Kontrast zur eigentlichen Blütenfarbe, z. B. bei 'Jubelruf', 'Sternennacht' und 'Zauberflöte'.

Die Farbe Weiß hätte Foerster gern im Sortiment gesehen, doch alle Ansätze in dieser Richtung erwiesen sich als nicht dauerhaft genug. Rot als Rittersspornfarbe lehnte er ab und bemühte sich auch nicht darum.

Die nächst wichtigeren Ziele waren für ihn der Habitus und die Wuchsform.

»*Die Verschiedenheit des Aufbaus der Pflanzen, der herausschießenden Knospenstiele und Entfaltungsmethoden ist ... das große Einfallstor der Zuchtarbeit*« (Foerster 1942). Darin vereinte er eine ganze Gruppe von Merkmalen, die sich auf das Äußere der Rittersporne beziehen. »*Die Architektur im Aufbau der Pflanze, die gewissermaßen im gotischen Stil erbaut ist ... von sakraler Schönheit*« schrieb er 1946. Abgelehnt wurden von ihm zu viele Blätter, zu wenige Blüten, zu hoher Blattbusch und zu kurzer Blütenstand. Dieser »*Gerüstaufbau*« trug viel zur heutigen Bedeutung des Foersterschen Rittersporntyps bei.

An die nächste Stelle seiner Zuchtziele setzte er die Windsicherheit. »*Das Wesen dieser Pflanze ist der steil aufstrebende blaue Strahl; den noch stützen zu müssen, ist gegen den Sinn, gegen die platonische Idee des Rittersporns*« (Foerster 1936). Unvergesslich ist mir, wie er im Sämlingsfeld mit Daumen und Zeigefinger die Blütenstängel seiner Kandidaten drückte, deren innere Festigkeit

Rittersporne, (hier die Foerster-Sorte 'Merlin') gehören zu den Hochstauden. Die hohen, aufrechten Horste entwickeln sich zu stattlichen Pflanzen.

prüfte und im Zweifelsfall kurzerhand selbst den blühenden Stiel abknickte, um Fehlurteilen vorzubeugen. In die Prüfung der Standfestigkeit bezog er auch das Ergebnis nach Starkregenfällen mit ein, das neben der Festigkeit der Stängel auch von der Blütengröße und Blütenfüllung beeinflusst wird. Deshalb lehnte Karl Foerster gefüllte Blüten ab, wie sie bei englischen und amerikanischen Sorten oft vorkommen. Halbe Füllungen aber, wie von 'Abgesang', 'Jubelruf' und 'Tempelgong' ließ er gelten.

Erst dann kommt das von Anfang an verfolgte Ziel der Mehltaufreiheit. Immer wieder geißelte er die »*mehltaukranken Müllerburschen als ... bloße Schönheit, die leicht in Hässlichkeit ausartet. Einen tragischen Anblick bietet immer das völlige Erblinden dieser blauen Edelsteine. Dabei sind längst mehltaufeste Sorten herausgezüchtet worden*«. Die letztere Aussage muss heute relativiert werden, denn nunmehr, Jahrzehnte nach ihrer Entstehung, sind auch die Foerster-Sorten vom Mehltau bedroht.

Alle Rittersporne haben die Eigenschaft, die Blütenblätter der untersten Blüten an der Rispe bereits abzuwerfen, wenn oben noch viele Knospen aufs Erblühen warten. Um diese »*Untugend*« zu überwinden, waren viele Jahre intensiver Auslese nötig, bis Sorten entstanden, deren Blüten unten noch kräftig Farbe zeigen, während oben die letzten Knospen am Aufblühen sind.

Die Verteilung der Blüten an der Rispe (botanisch korrekt ist es eine Traube!) beschäftigte Karl Foerster ebenfalls viele Jahre. Dabei ließ er jedoch die Vielfalt der Natur gewähren. Schmale Trauben mit weit stehenden Blüten wie 'Jubelruf' sind ebenso unter seinen Sorten zu finden wie dichte, kraftvoll wirkende Blütenstände, etwa von 'Malvine' oder 'Sopran'.

Die Beobachtung, dass nach wenigen Standjahren der Blütenreichtum einiger Sorten erheblich nachließ, hat zu einem Zuchtziel geführt, das erst nach mehreren Beobachtungsjahren bestätigt werden konnte: »*Die Dauersiegersorten von den Strohfeuersorten zu sondern*« (Foerster 1936). Dieses Merkmal der Nachhaltigkeit und Langlebigkeit ist zwar abhängig von Standort und Pflege, hat aber wesentlich den guten Ruf der Foerster-Rittersporne im Unterschied zu anderen Zuchtrichtungen begründet.

Viele Rittersporne entwickeln nach dem Hauptflor noch einen »*mächtigen Nachflor, ..., wenn auch meist in etwas kleineren Rispen und in etwas herabgeminderter Höhe zustande kommt, auch wegen des kühleren Wetters viel länger dauert*« (Foerster 1936). Karl Foerster wusste, dass diese Eigenschaft von *Delphinium grandiflorum* ins Sortiment gebracht wurde. Erfreut beobachtete er, dass zunehmend auch seine *Elatum*-Sorten dieses Merkmal übernahmen, so dass bei rechtzeitigem Rückschnitt nach der Hauptblüte viele Sorten ein zweites Mal blühen. »*Das Schönste am Leben ist Auferstehung*«, war sein Kommentar dazu (Foerster 1936).

Das erhaltene Sortiment der Foerster-Rittersporne

Konrad Näser

»*Rittersporn ist eine Staude von großer Dauerkraft, die beim Nachlassen infolge verbrauchten Bodens nach langen Jahren geteilt und in unverbrauchten Boden gepflanzt werden muss*« (Foerster 1934). Diese Technik wurde über Jahrzehnte angewandt. Doch wie bewähren sich Foerster-Rittersporne heute, 35 Jahre nach dem Tode ihres Schöpfers bzw. bis zu 80 Jahre nach ihrem Entstehen. Welche Sorten sind immer noch empfehlenswert?

Zunächst dies: Viele Sorten, auch einst sehr beliebte, sind nicht mehr vorhanden. Woran liegt das? Die Bornimer Rittersporne müssen vegetativ, durch Teilung von Mutterpflanzen, vermehrt werden. Alle Teilstücke besitzen damit die gleichen Eigenschaften wie die Mutterpflanze, sie sind Klone. Aus einer Sorte, wie zum Beispiel 'Berghimmel', die schon 80 Jahre auf diese Weise vermehrt wird, sind immer wieder genetisch identische Jungpflanzen gewonnen worden, Tausende und Abertausende. Es liegt auf der Hand, dass sich in so einen langjährigen und breit gefächerten Ablauf Fehlentwicklungen einschleichen können, die die Sortenechtheit bedrohen. Sorten- und Namensverwechslungen, Sämlingsbeimischungen und genetische Veränderungen sind die häufigsten Ursachen. Fachleute können weitere Möglichkeiten dafür nennen, ein kleiner Rest bleibt nicht erklärbar. Man fasst das Phänomen allgemein unter dem Begriff »*Abbauerscheinungen*« zusammen.

Solchen Abbauerscheinungen sind Foersters Sorten ebenfalls unterworfen, wenn auch in unterschiedlichem Maße. Dass es neben »*Strohfeuersorten*« die »*Vitalitätssieger*« gab, erkannte Karl Foerster schon bei seinen ersten Langzeit-

Foerster-Sorte 'Berghimmel'.

prüfungen. Dass unter den »*Vitalitätssiegern*« aber auch die »*Ausdauerhelden*« zu finden sind, wird er vor 60 Jahren mehr intuitiv geahnt haben. Sein Gefühl für die Pflanzen, seine Erfahrungen und sein unbestechlicher Blick bei der Auslese werden heute mit der Langlebigkeit vieler seiner Sorten belohnt.

Man kann dem Sortenabbau entgegensteuern, wenn die Mutterpflanzen Jahr für Jahr einer strengen Kontrolle auf Echtheit und Einheitlichkeit unterworfen werden – eine Arbeit, die nicht zu den beliebtesten in Staudengärtnereien gehört. Aber selbst mit großer Mühe und fachlich versiertem Personal ist der Abbau von Sorten nicht völlig aufzuhalten.

Zusätzlich muss berücksichtigt werden, dass die Züchtungsarbeit schon zu Foersters Lebzeiten und auch späterhin weitere Fortschritte brachte. Parallel waren außerdem noch andere Staudengärtner als Züchter tätig. Ältere Sorten wurden durch bessere überholt. So sind uns von vielen Foerster-Rittersporen aus den ersten Jahren nur die wohlklingenden Namen wie 'Blauglut', 'Eisvogel', 'Himmelsleiter', 'Kirchenfenster', 'Morgenstrahl', 'Sonntagskind' geblieben. Als Pflanze sind

Foerster-Sorte 'Blauwal'.

Foerster-Sorte 'Frühschein'.

Foerster-Sorte 'Nachtwache'.

sie verschollen und erlebten schon nicht mehr das 50-jährige Betriebsjubiläum im Jahre 1957.

Doch Karl Foerster, damals 83-jährig, war noch voller Schaffenskraft. Eine Serie von weiteren 14 neuen Ritterspornsorten schloss sein großes Lebenswerk ab. Unter diesen »*jüngeren*« haben sich nun viele bis heute behaupten können. Sie sind, im Vergleich zu denen aus den dreißiger Jahren, als Sorte auch erst zwischen 40 und 50 Jahre alt. Ein Begriff für viele Liebhaber der Bornimer Rittersporne wurden z. B. 'Ariel', 'Blauwal', 'Jubelruf', 'Sternennacht' und 'Zauberflöte'. Sie gehören zu Foersters letzter Schaffensperiode, die 1967 – nomen est omen – mit der Sorte 'Abgesang' endete.

Bisher sind 82 Delphinium-Sorten aus seiner Hand nachgewiesen worden, von denen jemals Pflanzen verkauft wurden, die also die Chance hatten, in Gärten und Gärtnereien außerhalb Bornims zu gelangen. In Büchern und Zeitschriften, vor allem der »*Gartenschönheit*«, hat Karl Foerster noch weit mehr beschrieben, die aber wahrscheinlich niemals seine Zuchtquartiere verlassen haben. Meist scheiterten sie in den mehrjährigen Prüfungen vor dem Verkauf. Schon

Foerster-Sorte 'Ouvertüre'.

Foerster-Sorte 'Tempelgong'.

bald begann Karl Foerster ältere Sorten durch neue zu ersetzen. Dabei spielen die Ergebnisse der professionell betriebenen Sichtungsarbeit ebenso eine Rolle wie markt- und arbeitswirtschaftliche Überlegungen. Bei obligat vegetativ vermehrbaren Stauden, wie dem Rittersporn, hat zum Beispiel die Teilungsrate einen entscheidenden Einfluss auf das Weiterführen oder Fallenlassen einer Sorte. Karl Foerster, der selbst die Sichtungsarbeit in Gang gesetzt hatte, erkannte aber die Gefahr. Er warnte auch davor gute alte Sorten verschwinden zu lassen.

Gegenwärtig sind noch rund 30 Foerster-Sorten aus der *Delphinium* Elatum-Gruppe in Deutschland im Angebot. 22 davon, gewissermaßen das Kern-Sortiment, sind so weit verbreitet, dass sie als die gegenwärtigen Repräsentanten der Rittersporne Karl Foersters gelten können, die übrigen sind im Handel nur ganz vereinzelt zu finden.

Aus der *Delphinium* Belladonna-Gruppe gibt es, abgesehen von dem inzwischen verschwundenen Erstling 'Arnold Böcklin', nur noch eine weitere Sorte von Karl Foerster, 'Kleine Nachtmusik', ein zierlicher dunkellila Rittersporn, der

Foerster-Sorte 'Finsteraarhorn'.

Foerster-Sorte 'Jubelruf'.

sich bis heute behaupten konnte. Alle anderen Bornimer Sorten sind der *Delphinium* Elatum-Gruppe zuzurechnen. Das ist erstaunlich, denn schon 1910 hatte Karl Foerster Kenntnis von der Kreuzung *Delphinium elatum* × *D. grandiflorum*, aus der die zierlichen *Belladonna*-Sorten hervorgingen. Doch Rittersporn war für ihn etwas Kraftvolles, Mächtiges. Da fanden die kleineren Vertreter der Gattung sein Interesse nur als Ergänzung.

Karl Foerster selbst war bestrebt, die von ihm verbreiteten Sortimente, sofern sie eine gewisse Bedeutung und einen größeren Umfang erreicht hatten, nach Eigenschaften aufzugliedern, so auch beim Rittersporn.

Anfangs waren die Blütenfarben der Sorten das oberste Ordnungsprinzip, begleitet von der Aufteilung nach Blütezeiten und Wuchshöhen. Das erwies sich jedoch bald als zu unübersichtlich. Durchgesetzt hat sich die Gliederung nach Blütezeiten, die durch Angaben je Sorte zur Blütenfarbe und Wuchshöhe ergänzt werden. Für das verbliebene Sortiment ergibt sich daraus folgende Gliederung, die auf Erfahrungen in Bornim zurückgeht:

Foerster-Sorte 'Malvine'.

Foerster-Sorte 'Perlmutterbaum'.

Foerster-Sorte 'Tropennnacht'.

*Die Gruppe der **frühen** Blütezeit, etwa ab Anfang Juni, in sehr günstigen Jahren schon Ende Mai*

'Berghimmel' die älteste Züchtung des Sortiments erfreut sich trotz ihres schlanken Blütenstandes bis heute großer Beliebtheit Ihr Blühbeginn ist von Jahr zu Jahr verschieden, kann sowohl sehr früh als auch 2 Wochen später liegen.

'Blauwal' ist zwar ein später unter den frühen, aber durch seine braungeäugten, mächtigen Blütentrauben in der ersten Junihälfte eine unverzichtbare Sorte.

'Frühschein' blüht als erster. Sein leuchtendes Hellblau hat mitunter einen rosa Schein. Die mittlere Wuchshöhe charakterisiert ihn als Vordergrundsorte.

'Gute Nacht' als ganz dunkle Sorte gab ihr Karl Foerster die Farbbezeichnung »nachtblau«, die durch ein kleines weißes Auge eine lustige Verzierung erhält.

'Nachtwache' schmale hohe dunkellila Blütentrauben, halbgefüllt mit weißem Auge, sehr wetterfest, 180 cm.

'Ouvertüre' gilt als sehr frühe, wüchsige Sorte mittlerer Höhe. Ihr helles Mittelblau hat einen rosa Schimmer, geschmückt mit einem braunen Auge.

'Tempelgong' bringt in mehreren Abstufungen einen dunkelviolettblauen Farbton und halbgefüllte Blüten. Damit erweckt er beim Betrachter tatsächlich einen tiefen, fremdartigen Klang.

*Die Gruppe der **mittleren** Blütezeit, etwa ab Mitte Juni*

'Ariel' hellblau mit weißem Auge, bildet nur mittelhohe feste, geschlossene Blütentrauben. Sie ist gut für den Vordergrund geeignet.

'Dämmerung' dunkelblau mit einem leichten rosa Schimmer und dunklem Auge, eine kräftige Gestalt von mittlerer Höhe.

'Fernzünder' hat ein leuchtendes Blau, das seinem Namen gerecht wird, dazu ein weißes Auge und edle schlanke Blütenstände.

'Finsteraarhorn' die bekannteste Foerster-Sorte, dunkelenzianblau mit dunkelbraunem Auge, noch immer starkwüchsig und nahezu mehltaufrei.

'Gletscherwasser' nimmt unter den Hellblauen mit seiner »kalten« Farbe eine Sonderstellung ein. Erst zusammen mit wärmeren Blaus kommt diese Farbe richtig zur Geltung. Ihr Flor dauert durch zahlreiche Nebenrispen sehr lange.

'Jubelruf' bei ihrem Auffinden erhielt sie sofort ihren Namen und rechtfertigt ihn bis heute. Sie besitzt schmale, hohe Blütentrauben, die Blüten selbst sind ultramarinblau mit weißem Auge und leichter Füllung.

'Malvine' eine der starkwüchsigsten Sorten von hoher Gestalt mit breiten Blütentrauben, amethystblau und braun geäugt.

'Perlmutterbaum' hat ein irisierendes Farbspiel zwischen hellblau und rosa, dazu ein dunkelbraunes Auge und eine edle Gestalt. Sie erhielt ebenfalls eine Auszeichnung.

'Sternennacht' tief enzianblau mit weißem Auge. Durch den auffallenden Farbkontrast und die mittlere Wuchshöhe ist sie unentbehrlich.

'Tropennacht' hat eine graziöse Gestalt unter den dunkelblauen, dazu ein kleines weißes Auge. Sie ist geeignet für den Vordergrund.

Die Gruppe der späten Blütezeit, gegen Ende Juni bis Anfang Juli

'Abgesang' die letzte Sorte aus der Hand Karl Foersters ist zugleich auch die späteste im Sortiment. Die Blüte ist enzianblau mit weißem Auge und leichter Füllung. Daher erweist sie sich nicht überall als genug standfest.

'Klingsor' himmelblau, zartrosa getuscht und halbgefüllt, kräftige, kompakte Blütentrauben, lange blühend.

'Rosenquarz' hellblau, rosa getönt, eine wuchskräftige, standfeste Sorte, nur noch selten im Angebot, aber eine wichtige Farbe bei den Spätblühern.

'Sopran' das helle Blau erscheint fast weiß. Sie baut gedrungene, kräftige Blütentürme auf; nur noch selten im Handel.

'Zauberflöte' riesige Blütentrauben sorgen für den längsten Flor aller Rittersporn-Sorten; glühendes Ultramarinblau mit rosa Schimmer und weißem Auge.

Oben: Foerster-Sorte 'Klingsor'.

Mitte: Foerster-Sorte 'Zauberflöte'.

Unten: Foerster-Sorte 'Poseidon'.

Foerster-Rittersporne (*Delphinium*-Elatum-Sorten) heute

Sortenname	*Blütenfarbe*	*Augenfarbe*	*Höhe in cm*
Frühe Blütezeit, Anfang bis Mitte Juni			
'Berghimmel'	hellblau	weiß	180
'Blauwal'	ultramarinblau	braun	180
'Frühschein'	hellblau/rosa	schwarz	140
'Gute Nacht'	nachtblau	weiß	170
'Nachtwache'	dunkellilablau	weiß	180
'Ouvertüre'	mittelblau/rosa	braun	160
'Tempelgong'	nachtblau	schwarz	160
Mittlere Blütezeit, Mitte Juni			
'Ariel'	hellblau	cremegelb	150
'Dämmerung'	dunkelblau/rosa	schwarz	160
'Fernzünder'	leuchtendblau	weiß	160
'Finsteraarhorn'	dunkelenzianblau	braun	170
'Gletscherwasser'	helleisblau	weiß	170
'Jubelruf'	ultramarin	weiß	180
'Malvine'	amethystblau	braun	180
'Merlin'	hellblau	weiß	170
'Perlmutterbaum'	hellblau/rosa	braun	170
'Sternennacht'	tiefenzianblau	weiß	150
'Tropennacht'	dunkelenzianblau	weiß	160
Späte Blütezeit, Mitte bis Ende Juni			
'Abgesang'	enzianblau	weiß	180
'Klingsor'	himmelblau/rosa	weiß	160
'Rosenquarz'	hellblau/rosa	weiß	160
'Sopran'	helleisblau	weiß	170
'Zauberflöte'	ultramarinblau	weiß	170
Delphinium Belladonna-Sorte			
'Kleine Nachtmusik'	enzianblau	schwarz	80

Die Rittersporn-Züchtung nach Foerster

Konrad Näser

»*Kein Jahr mehr ohne blaue Gartenfortschritte, ohne Einführung neuer, ferngeborener blauer Blumen ... oder ohne Veredlung vorhandener, Erweiterung der Blütezeiten, Fortschritte der Verwendbarkeit*« (Foerster 1936).

Karl Foerster hinterließ, als sich 1970 sein Leben vollendete, ein umfangreiches züchterisches Erbe, das in seiner Gärtnerei, auch nach deren Umwandlung in einen volkseigenen Betrieb, weiter verwaltet wurde. Aus dieser Hinterlassenschaft ging der Rittersporn 'Morgentau', hellblau/rosa mit dunklem Auge und sehr vital, hervor. Er wurde ab 1972 zu einer der beliebtesten *Elatum*-Sorten.

Eine große Bedeutung erlangten von Bornim aus ab 1980 die niedrigen *Belladonna*-Sorten 'Atlantis', tiefviolett, 'Ballkleid', hellblau und 'Sternenhimmel', dunkelblau mit weißem Auge. Sie stammen allerdings nicht mehr aus dem Fundus Karl Foersters, sondern wurden in der Züchtungsabteilung neu entwickelt.

Auch Alfred Weinreich aus Wolmirstedt hat einen *Belladonna*-Rittersporn geschaffen, der ab 1972 weite Verbreitung und Anerkennung gefunden hat: die enzianblaue, weiß geäugte Sorte 'Piccolo' mit 80 cm Wuchshöhe und reichem Nachflor.

Bereits zu seinen Lebzeiten und auch danach befassten sich in Deutschland noch weitere Staudengärtner mit der Züchtung von Ritterspornen. Die dabei entstandenen Sorten zeigten meist im Aufbau, in der Blütenform und in den Farben die nahe Verwandtschaft mit dem »*Foerster-Rittersporn*«.

Intensiv züchteten die Odenwälder Pflanzenkulturen Kayser und Seibert in Roßdorf bei Darmstadt mit Rittersporne.

Links: *Delphinium elatum* 'Morgentau' aus dem Foersterschen Vermächtnis.

Rechts: Die *Belladonna*-Sorte 'Ballkleid' wurde 1980 von den Bornimer Staudenkulturen herausgegeben.

Delphinium-Pflanzung in Bornim.

Von 1960 bis 1980 brachten sie einige bedeutende *Elatum*-Sorten in den Handel:

'Lanzenträger' spät, enzianblau, Auge weiß, 200 cm

'Schildknappe' früh, blauviolett, Auge dunkel, 150 cm

'Sommerabend' mittelspät, mittelblau, Auge dunkel, 160 cm

'Sommernachtstraum' früh, enzianblau, Auge schwarz, 170 cm

'Sommerwind' mittelspät, hellblau, Auge weiß, 160 cm

Vor allem **'Lanzenträger'** und **'Sommernachtstraum'** sind einem großen Liebhaberkreis bekannt geworden und erhielten bei Sortimentssichtungen hohe Bewertungen.

In Lohfelden bei Kassel arbeitete Heinz Klose. Seine Sorten entstanden zwischen 1970 und 1995. Erwähnenswert sind:

'Blaustrahl' früh, azurblau, Auge schwarz, 160 cm

'Firnglanz' mittelspät, hellblau, Auge schwarz, 180 cm

'Gewitterstimmung' spät, hellrotviolett, Auge weiß, 160 cm

'Grünberg' früh, veilchenblau, Auge schwarz, 150 cm

'Polarnacht' spät, tiefenzianblau, Auge weiß, 150 cm

'Waldenburg' mittelspät, dunkelblau, Auge schwarz, 160 cm

Sie fanden als Ergänzung des Foerster-Sortimentes viel Anklang, besonders 'Waldenburg' ist als dunkle Sorte sehr beliebt.

Ein weiterer Züchter war Günter Fuss in Königslutter mit den beiden weiß geäugten Sorten **'Elmfreude'**, violettblau und **'Elmhimmel'**, himmelblau ergänzte er das Sortiment um zwei wirkungsvolle Rittersporn-Gestalten.

Die unmittelbar im Umfeld der Gärtnerei Foerster von Wolfgang Kautz gezüchtete Sorte 'Augenweide', hellblau mit weißem Auge, konnte sich bereits nach kurzer Zeit im Sortiment etablieren. Sie ist gesund, wüchsig und trotz ihrer Höhe von 180 cm standfest genug. Aber auch diese Sorte baut auf der Vorarbeit Karl Foersters auf.

So ist in Deutschland ein Rittersporn-Typ entstanden, der bereits als »*Delphinium mitteleuropäischer Prägung*« bezeichnet wird und sich deutlich von anderen Entwicklungsrichtungen abhebt, vor allem in Großbritannien und in den USA.

Die Züchtung in Großbritannien verlief mehr hin zu großblütigen, meist gefüllten Sorten. Das wurde und wird gefördert durch die Mitglieder der British Delphinium Society. Für sie ist der Rittersporn nicht so sehr Rabattenstaude, sondern viel mehr Sammel- und Pflegeobjekt für Wettbewerbe und Ausstellungen. Die schönsten und eindrucksvollsten Schnittstiele werden dabei prämiert. Bei uns *»auf dem Kontinent«* zeigen diese prachtvollen Sorten meist geringere Standfestigkeit, müssen also sorgfältig gestäbt werden, und haben nur eine kurze Lebensdauer. An der Spitze der Züchterbetriebe steht noch immer Blackmore & Langdon in Bath. Nach und nach finden seine Sorten auch in Deutschland Liebhaber, so dass hier einige genannt werden, die bereits bei uns zu bekommen sind:

'Alice Duyvensteyn' samtpurpur, Auge weiß, 180 cm

'Butterball' cremefarben mit gelb, lockere Traube, 150 cm

'Chelsea Star' violett, Auge weiß, 170 cm

'Miss Newton Leese' hellblau, Auge dunkel, 180 cm

'Strawberry Fair' rosa, Auge weiß, 180 cm

'Sungleam' hellgelb, 150 cm

Diese Aufstellung zeigt, dass die englischen Züchter auch nach neuen, modernen Farbtönen jenseits des »*Blaus*« suchten. Karl Foersters Intension war das nicht. Er meinte noch 1953: *»Der Rittersporn ist bestimmt, den Königsthron der blauen Farbe im Garten einzunehmen«*. Etwas aber haben die englischen mit den deutschen Sorten gemeinsam: Sie müssen wie diese durch Teilung oder Stecklinge, also vegetativ vermehrt werden.

Einer, der sich in Deutschland Jahrzehnte lang intensiv mit dem Typ der englischen Rittersporne befasst hat und sie für mitteleuropäische Verhältnisse geeigneter machen wollte, war Alfred Weinreich. Seine Zuchtrichtung, die er ab 1955 bis 1990 verfolgte, bewegte sich auch farblich über das Blau hinaus. Er bevorzugte weiße und rote Farbtöne. Aber die schwächere Vermehrungsrate und Lebenskraft seiner Züchtungen stand bisher einer weiten Verbreitung entgegen. Dennoch haben die weißen Sorten 'Gajaneh', 'Erste Liebe', 'Polarfuchs' und 'Polarbär' schon den Weg über den Züchterbetrieb hinaus gefunden. Weiß wäre Karl Foerster als natürliche Ergänzung der blauen Farben sehr willkommen gewesen.

1953 schrieb Karl Foerster: *»Im Laufe der kommenden Jahrzehnte wird das Rittersporn-Sortiment durch in- und ausländische Arbeiten immer weiterer und schnellerer Bereicherung ... und der ganz besonderen Eignung zur Schnittblume entgegengehen«*. In Nordamerika waren die Gärtner

Delphinium elatum 'Lanzenträger' von Kayer und Seibert.

Ebenfalls von Kayer und Seibert: *Delphinium elatum* 'Schildknappe'.

Links: *Delphinum elatum* 'Polarnacht' wurde von Heinz Klose in Kassel gezüchtet.

Rechts: 'Augenweide' ist eine zuverlässige Rittersporn-Sorte aus der Foersterschen Zuchtlinie, die in Bornim entstanden ist.

um diese Zeit gerade dabei, diesen Weg zu beschreiten. Dort erwiesen sich die am Anfang des 20. Jahrhunderts von Europa herübergekommenen Sorten als ungeeignet für das dortige Klima, sodass eine bodenständige Ritterspornzüchtung aufgebaut wurde. Führend darin war Frank Reinelt an der Westküste der USA. Von ihm stammen die seit Mitte des 20. Jahrhunderts vorgestellten Pacific-Hybriden.

Vorrangiges Ziel war es dort Rittersporne für den Schnitt zu schaffen. Sie mussten schnellwüchsig sein, möglichst schon im ersten Jahr blühen und viele dekorative Stiele bringen. Langlebigkeit oder die Verwendung in Staudenrabatten war unter den dortigen Bedingungen nicht gefragt. Die Vermehrung erfolgte ausschließlich über Saatgut, also generativ. Die prächtigen Schnittstiele erregten viel Aufsehen, natürlich auch in Europa. Führende europäische Saatgutfirmen übernahmen die Pacific-Hybriden, die seitdem auch in Deutschland als Saatgut oder als daraus angezogene Pflanzen verfügbar wurden. Sie haben mittlerweile als Sorten einen gewissen Bekanntheitsgrad erreicht. Alle werden zwischen 160 und 180 cm hoch:

'Astolat' rosa, Auge braun
'Black Knight' dunkelviolett, Auge schwarz
'Blue Bird' mittelblau, Auge weiß
'Galahad' reinweiß, Auge weiß
'Guinevere' rosig lavendel, Auge weiß
'King Arthur' dunkelviolett, Auge weiß
'Summer Sky' hellblau, Auge weiß

Geblieben ist ihre Kurzlebigkeit, die jedoch von Liebhabern dieser dekorativen Pflanzen in Kauf genommen wird.

Durch neue züchterische Bemühungen entstand eine niedrige Pacific-Serie, die nur noch 90 cm hoch wird und daher standfester ist als die hohen Sorten. Sie kam, nach Farben sortiert, unter dem Namen 'Magic Fountains' in den Verkauf.

Karl Foerster verfolgte diese Entwicklungen, so wie sie sich noch während seines Lebens außerhalb Deutschlands ergaben, sehr wohl, doch hatte er, der alles neue, was auf ihn zukam, genau prüfte, seine eigenen Erfahrungen damit. 1935 schrieb er durchaus selbstbewusst im »*Bornimer Wegweiser*«: »*Die Rittersporne der nordwestlichen Nachbarländer versagen fast durchgehend in den meisten deutschen Gärten. Merkwürdiger Weise hat die außerdeutsche Welt die reinblauen Töne fast ganz ignoriert, sodass man an irgendeine Blau-Blindheit glauben könnte«.*

Foersters Ziel in der Rittersporn-Züchtung war die blaue Blume, die im Garten, zusammen mit anderen Blüten, ihre volle Pracht entfalten konnte. Er glaubte an die ständige Weiterentwicklung und Veredelung dieser Pflanze. Sein Vermächtnis ist eine Vielzahl von Arten, die die Idee seines »Blaus« am reinsten verkörperten. »*Rittersporn an sich bedeutet wenig. Aber Rittersporn von heute und von morgen, in den besten, geläuterten und veredelten Sorten bedeutet Erschließung einer neuen Hemisphäre der Gartenfarben; nicht mehr und nicht weniger*« (1936).

Oben: *Delphinium* aus der Gruppe der *Pacific*-Hybriden: 'Guinevere'.

Unten: *Delphinium* aus der Gruppe der *Pacific*-Hybriden: 'Galahad'.

Links: Ungewöhnliche Rittersporn-Farbe: Sorte 'Butterball' in Cremeweiss kombiniert mit der Rose 'Penelope'.

Rechts: *Delphinium* aus der Gruppe der *Pacific*-Hybriden: 'Astolat'.

Blaue Ähren – Wiesen-Salbei und seine Verwandte

Christian Meyer

Unkomplizierter als mit winterharten Salbei-Arten ist blaues Blühen wohl kaum in sonnige Gartenpartien zu zaubern. So erstaunt es nicht, welche Popularität diese Pflanzen in den letzten Jahrzehnten erringen konnten.

Die Wiesen-Salbei-Arten gedeihen vorzüglich auf tendenziell eher trockenen, nicht allzu nährstoffreichen Böden in warmen Lagen. *Salvia pratensis* ist Bestandteil heimischer Wiesen. In montanen Lagen kann seine zweite Blüte mit der des blauen Wiesen-Storchschnabels (*Geranium pratense*) zusammentreffen. Die holzigen Wurzeln des Salbeis reichen tief und sind somit unempfindlich gegen längere Trockenphasen. Typisch sind seine feinrunzeligen, stark ätherisch duftenden Blätter. Die violettblauen Lippenblüten erfreuen im Juni nicht nur den Menschen, son-

dern sind auch Treffpunkt zahlreicher Insekten. Während die Art rund einen halben Meter hoch wird, ist die Form *Salvia pratensis* subsp. *haematodes* noch etwas wüchsiger und verfügt über leuchtende, lavendelblaue Blüten, die in arttypischen Scheinähren angeordnet sind. Beide gelten nicht als sehr langlebige Stauden, doch bei nicht allzu akkuratem Gärtnern werden sie sich durch Aussaat im Garten selbst erhalten. In naturnahe Gartenanlagen mit Blumenwiesen oder sonnigen Gebüschrändern lassen sich beide Formen gut integrieren.

Ein Rückschnitt Ende Juni sorgt bei diesen Pflanzen ebenso zuverlässig für einen zweiten Flor im Spätsommer, wie bei dem nahe verwandten *Salvia nemorosa*, dem Steppen-Salbei, welcher von den Wiesen und Steppen Osteuropas bis Südwestasiens stammt. Diese Art erhält seit etlichen Jahren die Aufmerksamkeit der Staudengärtner, sodass uns heute eine hohe Vielfalt an Sorten zur Verfügung steht, die sich in Farben, Wuchsformen und -höhen unterscheiden. Mancherorts werden die Sorten als *Salvia* × *sylvestris* geführt.

Älteste Auslese ist die Foerstersche Sorte 'Mainacht', die seit über fünfzig Jahren in unseren Gärten zu finden ist. Sie besticht bereits in der zweiten Maihälfte durch ihre schwarzblauen Blüten. Ende der 1940er Jahre überließ Karl Foerster dem ehemaligen Mitarbeiter Ernst Pagels, der in Leer gerade eine neue Staudengärtnerei aufbaute, eine Tüte Samen von *Salvia nemorosa* mit der Aufforderung »*Sieh zu, was Du darin findest!*« (Müller 2003). Daraus entwickelte Pagels die später blühende, violettblaue, halbmeterhohe Sorte 'Ostfriesland'. Mit ihrem kompakten Wuchs, ihrer Blühfreude, ihrer Krankheitsresistenz und der vielfältigen Verwendbarkeit als Gartenpflanze verhalf sie dem Steppen-Salbei endgültig zu seiner großen Popularität. Sie ist zum Klassiker der modernen Staudenverwendung geworden und hat die Gärten in aller Welt erobert. Von ähnlicher Qualität und gleicher Blütenfarbe, aber in lockerer Wuchsform und mit rund 80 cm Höhe präsentiert sich die wertvolle Sorte 'Tänzerin'. Freunde des reinen Blaus werden von 'Blauhügel' angetan sein, bei der die violetten Anteile der Blüten stark reduziert sind. Gedrungene Büsche von 45 cm Breite und Höhe bildet sie ebenso wie ihre rein weiße Schwestersorte 'Schneehügel', die auch als 'Adrian' im Handel ist. Eine lichtblaue Variante stellt 'Porzellan' dar, bei der sich das Weiß in der Blüte mit blauen Anteilen vermischt.

Weitere empfehlenswerte Sorten von *Salvia nemorosa* erscheinen immer wieder neu im Handel. Die meisten sind hervorragende Blauträger in der sonnigen Schmuckrabatte oder in natur-

Die einzige Foerster-Züchtung von *Salvia nemorosa:* die Sorte 'Mainacht'.

In größeren Gruppen gepflanzt entwickelt *Salvia nemorosa* 'Blauhügel' eine plakative Farbfülle.

Links: Die weiße Form zu 'Blauhügel': *Salvia nemorosa* 'Schneehügel'.

Rechts: *Salvia lavendulifolia* gilt als der winterhärteste Salbei unter den verholzenden Arten.

haft flächiger Verwendung, wo sie sich in Kombinationen mit Schafgarben und Gräsern auch als klassische, pflegeleichte Pflanzen für das öffentliche Grün präsentieren können. Reizvolle, blaue Ton-in-Ton-Pflanzungen sind in Kombinationen mit Berg-Astern (*Aster amellus*), Ochsenzungen (*Anchusa*), Scabiosen und Katzenminzen möglich.

In solchen Situationen können auch *Salvia officinalis*, *Salvia tomentosa* und *Salvia lavandulifolia* einen Platz finden. Obwohl diese mediterranen Halbsträucher in erster Linie ihres Laubschmuckes wegen gepflanzt werden, sind auch die Blüten nicht zu verachten. Hervorgehoben sei hier nur die purpurlaubige Form des Küchen-Salbeis *Salvia officinalis* 'Purpurea' sowie der breitwüchsige *Salvia tomentosa*, dessen hellblaue Blüten sich wunderschön gegen das Laub und die dunklen Kelchblätter absetzen. Aufgrund ihrer Gefährdung durch starke Fröste versteht es sich, dass alle drei Arten nur in kleinerer Zahl, sozusagen als zusätzliche Würze, in Pflanzungen verwendet werden sollten. Erfahrungsgemäß ist die feinlaubige *Salvia lavandulifolia* die härteste Art dieses Trios.

Auch die nordamerikanischen Graslandschaften haben eine interessante Salbei-Art vorzuweisen. In reinstem Azur blüht in den Prärien *Salvia azurea*. In Mitteleuropa wintert er leicht aus, während er in seiner Heimat durch dicke Schneeschichten Schutz vor starkem Frost findet. Dies ist wohl der Grund, warum er in unseren Gärten noch nicht sehr viele Freunde gefunden hat.

Von ganz anderem Charakter, aber ebenso nur bedingt winterhart, ist *Salvia uliginosa*. Dieser aus Südamerika stammende Salbei bekommt in seiner Heimat reichlich Wärme und Feuchtigkeit. Im Hochsommer überrascht er durch seinen bis brusthohen Wuchs und seine leuchtend himmelblauen Blüten. Deshalb lassen sich wohl immer mehr Gartenfreunde dazu bewegen, sich im Herbst Teilstücke zu sichern, um sie in frostfrei stehenden Töpfen zu überwintern.

Winden: Einjahrsranker von monatelangem Flor

Karl Foerster

Ipomoea pupurea[59], die Gartenwinde, ist die Winde der Frühaufsteher; sie blinzelt mit Sammetaugen in den erwachenden Tag, schließt sich meist schon in den Vormittagsstunden. Doch hängt unser Herz von Kindheit her an ihr, und es ist kein Ende der alten Entzückungen abzusehen.

Die bunten Gartenwinden sollten, könnten, dürften, müssten im Garten und auch im Nachbargarten nicht nur bloß an guten Plätzen stehen, sondern auch an solchen, bei denen wir nicht leicht darauf verfallen, dass hier hellblaue, dunkelblaue, purpurblaue Winden ranken könnten. Sie bestimmen ihre Plätze als bald in solchem Maße, dass wir ihnen unwillkürlich im nächsten Jahr den gleichen Ort wählen.

Locker wachsende Großsträucher, Riesengräser, Riesen-Staudensonnenblumen, vermorschte Gartenzaunplätze und Zypressenreste am Komposthaufen sind ihre Stätten. Man kann sie auch mit bunten Zierkürbissen um die Wette ranken lassen.

Jedermann trägt eine bunte Windensehnsucht mit sich und verbummelt die Aussaat; aber die Reue kommt zu früh, weil er ja noch bis Anfang Juni Winden säen darf. Sie blühen dann später, oft erst Anfang August, dauern dafür aber endlos. Ihre Hauptglorie liegt in den Morgenstunden; und wenn viele Schläfer erst erwachen, haben die taufrischen Kelche schon stundenlang mit der Morgenpracht geliebäugelt. Ganz anders die Riesenwinde die erst von morgens 7 Uhr an, bei trübem Wetter noch später, erblüht, dann aber je nach Witterung bis 2 oder 3 Uhr nachmittags in vollster Blüte steht, ja, an manchen Tagen ihren Flor bis in die späten Nachmittagsstunden aufrecht hält.

59 Die Nomenklatur ist bei den Winden nicht eindeutig. Foerster bezeichnet die Pflanze als *I. imperialis*. Es handelt sich aber bei der von ihm beschriebenen Pflanze nicht um die Kaiserwinde (die inzwischen *I. nil* heißt), sondern – wie er selbst schreibt – um die Gartenwinde. Sie wird heute im Allgemeinen als *I. purpurea* bezeichnet.

60 *Tropaeolum majus.*

Meide bei der Saatbeschaffung der *Ipomoea*-pupurea-Winden möglichst die rotvioletten Töne und verwende die hell- und dunkelblauen Farben! Und wenn du nun schon Windensamen kaufst oder vom vorigen Jahr aufgehoben hast, dann bitte auch nicht sammetbraune rankende Kresse[60] vergessen, die so herrlich zum blauen Zauberflor passt.

Die Winde verträgt auch West- und Ostwände, hat sogar eine Vorliebe für Ostwände, blüht aber auch an frei stehenden Gerüsten. Will man Winden in Riesengräser ranken lassen, so pflanzt man sie ihnen nicht zu nahe und lässt sie an einer Schnur emporranken, bis sie oben in die Halme hineinklettern.

Der Samenansatz ist an Süd- und Ostwänden sehr reich. Die Kapseln müssen hart sein und schwarze Körner tragen.

Ipomoea purpurea gibt es in verschiedenen Farbtönen, die vom Rosa bis ins Blauviolett reichen. Am schönsten sind die dunklen, fast blauen Typen.

Ipomoea tricolor 'Heavenly Blue'[61], die atlasblaue Riesenwinde, vermittelt Farbenbegriffe von einer außerirdischen Bläue und Reinheit. Sie thront über allen blauen Blumen und stammt aus dem Amerika, das Kolumbus zuerst sah. Er ahnte nicht, welch einen Weltreichtum er unsern Gärten erschloss.

Jede Blütenphase von der Knospe bis zum roten Zusammensturz der großen Blütenschale ist sehenswürdig und seltsam. Jeder Morgen schenkt uns neu den erschreckend schönen Anblick von hundert und tausend Blumen, die oft so dicht beieinander stehen, dass sie sich teilweise überdecken – zuweilen fast hundert auf einen Quadratmeter! Wir fanden noch keinen Menschen, der nicht einfach »aus dem Häuschen« war über dies Geschehen. In blau umblühte Lauben wagt man sich kaum hinein.

Die Wunderpflanze wird von den Japanern neben der blauen Herrscherin in noch sechs anderen Farbvarianten an großen und kleinen Rankgerüsten, in Gefäßen und im freien Boden gezogen und zum Gegenstand eines Kultus gemacht, für den es in Europa noch kein Gegenstück gibt[62]. Auf den japanischen Samentüten stehen in japanischer Schrift Beschreibung und Heranzucht. Auf unseren Samentüten werden ganz andere Beschreibungen stehen müssen, die unserm Klima entsprechen; denn unsere bisherigen Versuche mit der Aussaat von andersfarbigen Riesenwinden schlugen noch fehl.

61 In deutschen Katalogen auch als *I. tricolor* 'Himmelblau' aufgeführt.

62 Bei den von den Japanern zu Beginn des 20. Jahrhunderts so hochgeschätzen Winden handelt es sich um die Abkömmlinge der Kaiserwinde (*Ipomoea nil*), die als *I. × imperialis* bezeichnet werden und nicht um die von Foerster hier thematisierte und im Foerster-Garten zu Bornim bis auf den heutigen Tag an der Hauswand wachsende *I. tricolor* 'Heavenly Blue'.

Eine unwirklichen, strahlend reinen Blauton entwickelt *Ipomoea tricolor* 'Heavenly Blue'.

Ipomoea pupurea,
bunte Gartenwinden
Familie der Windengewächse, tropisches Amerika, Ranker
VII/X, ⊙, ○ ⊖ ◎ ✧

Man sollte leicht gebaute Rankgewächse viel öfter rhythmisch auch in Beetrabatten einsprengen, wobei dann fein gestaltete Gerüste eine wichtige Rolle spielen. Wenn man sich auf die blauen Töne der Winden beschränkt, ist auch ein Wettlauf mit sammetbrauner Rankkresse anzuraten. Für die Erfüllung mancher ernstlich reizvollen Aufgaben muss der Gartenfreund über die nötige »Verspieltheit« verfügen.
Die Keramiker haben sich geeignete Kübel und zusammensteckbare Drahtgerüste ausgedacht, um den mannigfachen Einjahrsrankern und -spreizern an allen möglichen Garten-, Balkon- oder Terrassenplätzen ihr Kübelrecht werden zu lassen.

Esther Bartning

Ipomoea tricolor **'Heavenly Blue',**
die blaue Riesenwinde
Familie der Windengewächse, Mexiko, Mittelamerika, Ranker
VII/X, ○ ⊖ ◎
Die Flordauer der Riesenwinde reicht über lange Monate und über einen viel größeren Teil des Tages als bei anderen Winden –, man kann sagen: von 8 Uhr morgens bis 2 Uhr mittags. An grauen Tagen wird zum Troste erheblich länger geblüht. Immer wieder betrifft man sich auf kleinen Gängen zu der Pflanze hinüber, ob's denn wirklich wahr ist! Die Leute im Paradiese würden es ebenso machen.
Diese Winden vertragen Wände gegen Osten, Süden und Westen. Zur Frage der gärtnerischen Behandlung ist noch zu sagen, dass man die Pflanzplätze am besten in einer breiten Furche anlegt, um mit Wasser kräftig nachhelfen zu können, falls dies nötig ist. Da gewöhnlich die gleichen Plätze zur Verfügung stehen, so ist zu bedenken, dass im Laufe der Jahre ein bloßes Nachdüngen nicht recht genügt; am besten wechselt man die Erde gründlich mit dem selben Quantum aus der nächsten Nachbarschaft um. Natürlich soll man es dann auch nicht an Düngerbeigaben fehlen lassen.
Diese unvergleichbare Blütenfreude für uns und andere wäre viel größerer Mühen wert, als sie wirklich verlangt.
Die Blatthalme auf dem Bild gehören *Sinarundinaria nitida* an, dem winterharten chinesischen Cham-Bambus.

E. Bartning

Ipomoea tricolor

Man kann die Gartenfreunde nicht genug zu vielartigen und wagnisreichen Verwendungen ermutigen. Aber die Wagnisse müssen von kleinen Erfahrungen gelenkt werden. So liebt es die Winde, nicht unmittelbar in einen Buschahorn hineinzuranken, sondern an einer dünnen Schnur hinaufzuklettern und sich oben auszubreiten. Die Schnur wird durch Blätter und Blüten schnell unsichtbar. Bitte nicht zu dicht an große Gewächse pflanzen, und die Schnur leicht überwerfen. Gute Bereitung des Bodens lohnt sich sehr. Heranzucht in Töpfen, in die man drei bis vier Körner legt, in warmer Gewächshaus- oder Zimmerluft beschleunigt den Beginn des Flors und der späteren Samenreife um Wochen. Um Mitte Mai erfolgt die Auspflanzung mit wohlerhaltenen Topferdballen. Aussaat direkt ins Freie gegen Mitte Mai führt ebenfalls oft höchst überraschend zum Ziel, falls der Boden nicht zu schwer. Er muss nährkräftig und frei von Gehölzwurzeln sein. Bei alljährlicher Besetzung der gleichen Plätze wird der Nährkraft des Bodens wieder durch Tausch mit frischer Erde nachgeholfen. Die Pflanzen ranken auf Wunsch 4 m hoch und höher. In südlichen Ländern glühen die blauen Ranken hoch aus den Zypressen herab.

Bei allzu frühzeitiger Heranzucht in kühleren Räumen aber verfaulen die Samen! Also nicht vor Mitte April aussäen, falls nicht starke Wärmenachhilfe möglich.

Einjährige – Den Sommer blau gemacht

Christian Meyer

Die Mitte Mai beginnende Saison der blauen Sommerblumen, welche in reicher Auswahl von Gärtnern vorkultiviert auf Märkten und in Blumenläden angeboten werden, erleichtert blaues Blühen auch dort, wo Lebensraum für ausdauernde Gewächse nur begrenzt vorhanden ist: Auf Balkon und Terrasse in Kästen und Kübeln darf es umso intensiver blau blühen.

Den Mehligen Salbei, *Salvia farinacea*, kennzeichnen seine zumeist mehlig überzogenen Triebe und Knospen. Selten tischhoch, aber von aufrechtem Wuchs und unermüdlich blühend, ist er prädestiniert für Beet und Balkon. Seine dunkelblauen Blüten sind klein, aber zahlreich und können durch weiß blühende Sorten ergänzt werden.

Von ganz anderer Art ist *Salvia patens*. Ansehnliche, strahlend azurblaue Blüten stehen eher vereinzelt von sehr lockeren Ähren ab. Seine Knollen lassen sich wie Dahlien trocken und kühl gelagert überwintern.

Links: In einem strahlenden Azurblau präsentieren sich die Blüten von *Salvia patens*.

Rechts: Ein verlässlicher sommerblühender Salbei: *Salvia farinacea* 'Victoria'.

Eine harmonische blauviolette Kombination von *Ageratum houstonianum*, *Salvia farinacea*, *Nemesia*- und *Petunia*-Hybriden.

Zum aufrechten Wuchs der Salbei-Arten passen Pflanzen mit niedrigem, flachem Habitus und kontrastierenden Blütenformen. Die blauen Gänseblümchen-Blüten des grazilen *Brachyscome iberidifolia* und auch die Blüten der Kapaster, *Felicia amelloides*, sind deshalb ideale Partner des Salbei. Beide blühen bis zum Frost; *Brachyscome* über nadelfeinem Blattwerk. Die lanzettlich belaubte Kap-Aster ist als »Variegata«-Form auch mit schmalen, cremefarbenen Blattsäumen sehr dekorativ.

Alltäglicher erscheint da der Leberbalsam, *Ageratum houstonianum*, dessen niedrige Sorten bereits zu Zeiten der Teppichbeetmode als Flächendecker oder zur Einfassung von Beeten dienten. Die höheren Sorten verdienen dagegen noch etwas mehr Aufmerksamkeit, denn sie können auch in Kniehöhe ihre Partner mit ihren wahlweise blauen, blauvioletten oder weißen Blütenpuscheln umspielen.

Der Chinaaster, *Callistephus chinensis*, gehören die Spätsommer- und Herbstmonate, in denen sie zum selbstverständlichen Bestandteil ländlicher Gärten zählt. Egal ob einfache oder halb gefüllte, Pompon- oder Krallenformen, alle blauen Varianten – von Silber- bis dunkel Violettblau – sind von eher melancholischem Charakter. Eine Stimmung, die zum vergehenden Sommer passt wie auch einjährige Gräser in voller Blüte. Andere luftige Gestalten wie Kosmeen, *Cosmos bipinnatus* oder das Eisenkraut, *Verbena bonariensis*, empfehlen sich ebenso als Begleiter blauer Astern.

Auch die Vanilleblume, *Heliotropium arborescens* 'Marine' kann lockerwüchsige Gestalten als Partner gut gebrauchen. Kaum eine Sommerblume wirkt so kompakt und erdverbunden wie dieses exotische Raublattgewächs. Hohe Lobelien der *Lobelia*-Speciosa-Gruppe wären in Form und Farben ideale Auflockerer, wenn bisher auch nur in scharlach- und rosaroten Tönen verbreitet. Doch hier kündigen sich neue, blaue Chancen an: die Sorte 'Fan Blau' verspricht dunkelblaue Rispen an kniehohen Pflanzen.

Von völlig anderer Anordnung sind die blauen Blütenwogen des Männertreus, *Lobelia erinus*. Ideal als blauer Lückenfüller im Beet oder als überbordende, blaue Massen in Pflanzgefäßen, gehören diese ebenso charmanten wie zuverlässigen Glockenblumengewächse nicht ohne Grund

Die violette *Verbena bonariensis* setzt sowohl durch ihre Blüten, als auch durch ihren hohen, aufrechten Wuchs Akzente.

Als Kontrast zu blauen Blüten bieten sich die weißen Sorten von *Cosmos bipinnatus* an.

zu dem Populärsten, aber auch Blauesten, was der Blumenmarkt zu bieten hat.

Von der Grazie des Männertreus sind die vielfältigen Formen der Petunien noch weit entfernt, obwohl sie in sehr ähnlicher Weise Verwendung finden können. Ihre Blüten bieten aber auch zahlreiche andere Farbvariationen als nur das reine Blau: Eine wahlweise gestreifte, geäderte, geäugte, gefüllte Blütenvielfalt betont aber auch bei Petunia-Hybriden den Trend zu kleinerer und immer feinerer Blütenfülle.

Als zwei weitere Vertreter blauer Ranker im Sommerblumensortiment, seien hier die Winde *Convolvulus sabatius* mit ihren himmelblauen Blütentrichtern neben der Spaltglocke, *Scaevola aemula* zu erwähnen, deren aufgespaltete Einzelblüten eine nähere Betrachtung verdienen.

Unter den zahlreichen Formen der Eisenkräuter muss noch die niedrige Art *Verbena rigida* hervorgehoben werden, die für gewöhnlich fliederblaue Blüten an drahtigen Trieben zeigt und durch die einzigartige, eisblaue Sorte 'Polaris' eine wichtige Bereicherung erfahren hat.

Links: *Heliotropium arborescens* überrascht durch einen durchdringenden, an Vanille erinnernden Duft.

Wertvolle, niedrige, blau blühende Polster bilden die Sorten von *Lobelia erinus*, hier 'Kristallpalast'.

Gartenbewährter Enzian von Mai bis Oktober

Karl Foerster

Der Reigen der überall bequem, leicht und dauerhaft wachsenden Enzianarten und -sorten reicht von Mai bis Oktober und verzaubert leise ihre Gartenplätze. Enzian ist mit nichts auf Erden vergleichbar. Wer ihn im Garten hat, fühlt sich vom Berggeheimnis berührt wie von keiner anderen Pflanze.

Die Tatsache des gartenfreundlichen Enzianreigens von Frühling bis Herbst verdient es, an den Himmel geschrieben zu werden. Dem Enzian wäre das aber gar nicht lieb; denn er will, dass seine Angelegenheiten leise und verschwiegen behandelt werden.

Gentiana angulosa, *Gentiana clusii* und *G. acaulis* 'Nymphenburgensis'[63] sind tief gartenfreundlich in Gärten frisch bleibenden Bodens. In lufttrockneren und bodentrockneren Gärten ist ihre Freundlichkeit dadurch zu gewinnen, dass sie an lichthalbschattiger Stelle in entsprechend verbesserten Boden gesetzt werden und halbwegs den nötigen Feuchtigkeitsersatz empfangen.

Die *Gentiana angulosa* überbietet an Blühkraft und Gartenwert den eigentlichen Frühlings-Enzians *G. verna* so entschieden, wie die blühfreudige *Silene acaulis* 'Floribunda' ihre störrische Stammsorte, die *S. acaulis*, übertrifft. Alle Enziane wollen gern mit festem Topfballen angesiedelt werden, der natürlich vor dem Pflanzen zart gelockert wird.

Wenn wir den Reigen hier aufzählen, so geschieht das mit dem Vorbehalt, dass hier allmählich noch doppelt so viel gartenwürdige Enziane dazutreten werden.

Das blaue Juwelenband setzt sich zurzeit aus folgenden Gliedern zusammen: *Gentiana angulosa*, April; *G. acaulis, clusii, dinarica* und *acaulis* 'Nymphenburgensis' im Mai; *G. freyniana* im Mai/Juni; *G. septemfida* var. *cordifolia*, *G. s.* var. *lagodechiana* im Juni/Juli; *G.·cruciata* var. *phlogifolia*[64] im Juli; *G. cruciata* im Juli/August; *G. dahurica* im August; *G. farreri* und *G. asclepiadea* im September; *G. sino-ornata* im Oktober.

63 *Gentiana angulosa* ist in Spezialgärtnereien zu beziehen und gilt als der am besten zu kultivierende Frühlings-Enzian. Auch den Stängellosen Enzian, *G. cusii*, gibt es dort zu beziehen, während *G. acaulis* 'Nymphenburgensis' nicht mehr im Handel ist. Es gibt zahlreiche weitere Gartenformen des Stängellosen Enzians (als *G. acaulis hort.* bezeichnet), die sich besser kultivieren lassen, als die eigentlichen Arten.

1

***Gentiana septemfida* var. *cordifolia*, Büschel- oder Herzblatt-Enzian**

Familie der Enziangewächse, Sibirien, Kaukasus, Siebenbürgen, spannhoch bis fußhoch

VI/VIII, ○ ⊖ ◎ △ *f* ‖ ✂

Dieser Sommerblüher aus der *Gentiana*-septemfida-Gruppe, dem Siebenspalten-Enzian, der bis 3000 m steigt, hebt sich unbekannten Ursprungs durch größere Blumen und aufrechten Wuchs aus vielen heraus. Fast jede Hybride ist anders. Manche schließt mittags den Laden, manche erst abends. Die Pflanze erweist sich als höchst veredelungsfähig. Nachbarschaft: *Linum flavum*, Goldlein.

2

***Helianthemum*-Hybride *'Golden Queen'*, Sonnenröschen**

Familie der Cistrosengewächse, Wildheimat: Mitteleuropa, Mittelmeerländer, fußhoch

V/VI, rem., ○ ⊖ △ *f* ✧ ‖

Das Gold-Sonnenröschen gehört zu den robustesten seiner Art. Man setze Sommerenzian in seine Nachbarschaft.

3

***Gentiana freyniana*, Kranzenzian**

Familie der Enziangewächse, Kleinasien, spannhoch

VII/VIII, ○ ⊖ ◎ △ *f* ‖ ✂

Der kleinasiatische Kranzenzian folgt in der Blütezeit dem *Gentiana septemfida* var. *cordifolia* und bringt auseinander fallende Blütenbüsche im Kranze seiner niedrigen Blüten fast 7 Wochen lang, also doppelt so lange wie voriger. Nachbarschaft: *Dianthus knappii*, Schwefel-Nelke.

4

***Viola cornuta*, dunkelblaulila Hornveilchen**

Familie der Veilchengewächse, Pyrenäen, Alpen, Schweiz, Apennin, Atlas, spannhoch

V/VI, rem., ○ ⊖ ◎ △ *f* ‖ ✂

Unter den Horn-Veilchen, in denen noch anderes Blut, auch von der Viola gracilis-Seite, steckt, finden wir zahllose Sämlinge rein hellblauer Farben wie auch dunkler, samtig blauer Töne. Die Zukunft wird immer reinere Blaus aus diesen dauerblühenden Kleinstauden erziehen. Die lange Dauer der Blütezeit wird die Züchter auch zur Erzielung noch widerstandsfähigerer Rassen anregen. Im Gegensatz zur *V. cornuta*-Stammart stammt *V. gracilis* aus Süditalien und Griechenland. Nachbarschaft: *Alyssum*, Steinrich.

5

***Dianthus knappii*, Schwefelnelke**

Familie der Nelkengewächse, Balkan, fußhoch bis kniehoch

V, rem., ○ ⊖ △ ✧ ✂

Fällt durch edles, blasses Gelb und lange Blütezeiten auf.

6

***Gentiana dahurica*, chinesischer Enzian**

Familie der Enziangewächse, Kleinasien, China, fußhoch

VII/VIII, ○ ⊖ ◎ △ ✧ ✂

Er hat eine gewisse Ähnlichkeit mit *Gentiana cruciata* var. *phlogifolia*, dem Siebenbürgener Enzian, der fußhoch im Juni–Juli blüht. Nachbarschaft: *Oenothera macrocarpa*, Teppich-Nachtkerze.

7

***Potentilla nepalensis* var. *willmottiae* 'Miss Willmott', rosalila Fingerkraut**

Familie der Rosengewächse, westliches Himalaja, fußhoch bis kniehoch

V, rem., ○ ⊖ △ ✧ ❖ ✂

Ein besonders reizvolles, rosalila Dauerblüten-Fingerkraut!

8

***Campanula carpatica*, helllila Karpatenglocke**

Familie der Glockenblumengewächse, Karpaten, spannhoch bis fußhoch

V, rem., ○ ⊖ ◎ △ *f* ✧ ‖ ✂

Die niedrige Glockenblume des Hochsommers in Blau und Weiß. *Gypsophila* Repens-Hybride 'Rosenschleier', das rosa Schleierkraut, als schönste Nachbarschaft.

9

***Cotoneaster praecox*, Nan-Shan-Felsenmispel**

Familie der Rosengewächse, China, kniehoch

ab VI fruchtend, ○ ⊖ ◎ △ ✧ ✂ *f*

Frühfrucht-Beerenmispel, prächtig für vielseitige Verwendung.

6.
8.
5.
7.
4.
9.
2.
3.
E. Bartning

64 *G. septemfida* var. *cordifolia* und *G. cruciata* var. *phlogifolia* sind im Handel wohl nicht mehr erhältlich, während *G. septemfida* var. *lagodechiana* weit verbreitet ist.

Gentiana septemfida var. *cordifolia*, der Büschel-Enzian, ein auffallender Sommerblüher aus der »Siebenspalten«-Enziangruppe, ist zwischen Sibirien, Kaukasus und Siebenbürgen heimisch und steigt bis 3000 m hoch. Die Variante *cordifolia* hebt sich durch größere Blumen und aufrecht bleibenden Wuchs heraus. Die anderen *freyniana*-Büschlein lagern sich vor der Blüte in Kränzen flach auseinander. Der Büschel-Enzian tanzt auch insofern aus der Reihe, als seine Sämlinge Pflanze für Pflanze verschiedene Blütengebärden haben und in manchen Exemplaren eine gesteigerte Schönheit hervorbringen, die sich bis zum späten Abend offen darbietet. Die unverwüstlichen *G. freyniana* und *G. septemfida* var. *lagodechiana* blühen sieben Wochen lang, *G. cruciata* var. *phlogifolia* und *G. dahurica* setzen den Enzianflor bis zum Flor der Nachsommer- und Herbst-Enziane fort.

Links: Inbegriff der blauen Alpenblume: der Stängellose Enzian, *Gentiana clusii*.

Zur gleichen Zeit blüht der Frühlings-Enzian, *Gentiana verna*, eine Spezialität für den Steingarten.

Leider nicht im gleichen strahlenden Blau, dafür aber robuster und später im Jahr blüht *Gentiana septemfida* var. *lagodechiana*.

5 Die hier zitierte Passage des »Blauen Schatzes der Gärten« von 1953 ist in der vorliegenden Ausgabe nicht mehr enthalten.

6 Wohl nicht mehr im Handel erhältlich.

Aster amellus-Sorten von Foerster

Konrad Näser

»*Wir haben wohl im späten Nachflor des Rittersporns, im Flor der Herbstenziane… und auch der frühen und späten hellblau blühenden Herbst-Krokusse vielerlei reines Blau im Herbstgarten. … Aber dennoch: man möchte in langen Herbstzeiten nicht auf den prachtvollen lilablauen Massenflor der edelsten Stauden-Astern von größter Fernwirkung verzichten, …* « (Foerster 1953) [65].

Loblieder auf die Herbst-Astern hatte Karl Foerster schon am Beginn seiner Staudenleidenschaft angestimmt. Er zählte dazu auch die früheste Gruppe, die nur 40 bis 60 cm hohen Berg- oder Heide-Astern, *Aster amellus*. Ihr lateinischer Name stammt vom Fluss Mella in Oberitalien. Im Unterschied zur großen und gartenwirksamen Gruppe der nordamerikanischen Astern haben die Berg-Astern ihre Heimat in warmen, trockenen Gegenden Europas, auch an einigen Stellen in Deutschland. Sie lieben Sonne, Wärme, Trockenheit und kalkhaltigen, durchlässigen Boden. In Gärten gedeihen sie nur dort zufrieden stellend, wo ihnen Pflanzstellen geboten werden, die den Naturstandorten entsprechen.

Ihr mildes Blau oder helles Lila mag Karl Foerster schon sehr früh begeistert haben, denn bereits in seinen ersten Katalogen bietet er sie als »*bienenumbrauste Blüten- und Knospenmeere*« an. Noch fehlten damals eigene Bornimer Züchtungen, wohl aber tauchte von ihm schon leise Kritik an den vorgefundenen Sorten auf: »*Untugenden des Struppigwerdens bei Regen, des Umfallens oder des langsamen Zurückgehens schon nach drei bis vier Jahren*« (Foerster 1934). Am längsten hat sich wohl aus dieser Frühzeit die Sorte einer kaschubische Wildform aus Osteuropa in seinen Anzuchten gehalten, die er gelegentlich auch als eigene Züchtung bezeichnete: *Aster amellus* 'Cassubicus Grandiflorus' [66], die »alte Weichsel-Aster«. Sie war noch bis 1979 in Bornim vorhanden. Ihr schönes Lavendelblau mag der Anreiz zu eigenen Züchtungsversuchen gewesen sein.

Die am weitesten verbreitete der Foersterschen Berg-Astern ist die violette Sorte 'Veilchenkönigin'.

Doch vorerst sammelte und prüfte er die Amellus-Astern aus anderen Gärtnereien. Sie kamen von Vilmorin aus Frankreich, von Perry und Carlile aus England sowie von Ruys aus Holland. Auch deutsche Züchter arbeiteten an diesem spätsommerlichen Blau. Von Georg Arends stammen Sorten, die Karl Foerster viele Jahre in seinen Anzuchten hatte, z. B. die dunkellila 'Preziosa', die in Bornim schon 1911 *»zum Originalpreis des Züchters«* angeboten wurde. 1913 kam die großblütige, lavendelblaue 'Rudolf Goethe' dazu, die sich in Bornimer Katalogen bis heute nachweisen lässt. Weitere Sorten entstanden in Deutschland bis 1935 bei Junge in Hameln, Lindner in Eisenach sowie bei Nonne und Hoepker in Ahrendsburg. Auch ein Nachbarkollege Karl Foersters, der Gärtner Wienholtz aus Berlin-Lichterfelde, steuerte eine Sorte bei.

Doch eigene Züchtungen konnte Karl Foerster bis 1940 nicht vorweisen, obwohl er immer wieder auf die Steigerungen des Gartenwertes hinwies: *»Die kniehohen europäischen Berg-Astern sind seit einiger Zeit aus dem Reiche der ganzen, und was noch schlimmer ist, der halben Enttäuschungen in Bezug auf Schönheit und Lebenskraft herausgetreten und rechtfertigen nun den fanatischen Glauben der Asternanbeter«* (Foerster 1935). Was war geschehen? *»Mit unendlicher Asternpassion haben wir zwei, drei Jahrzehnte lang das große Asternreich durchgeackert, um die Sterne erster Größe herauszufinden«* (Foerster 1934).

Der zweite Weltkrieg unterbrach den Schwung, der zu neuen Sorten hätte führen können. Die Sämlingsanzuchten zur Auslese gab es aber schon. Denn kaum begann die Staudengärtnerei nach dem Krieg wieder aufzuleben, stellte Karl Foerster die ersten eigenen Amellus-Sorten den Gartenfreunden vor: 1950 führte er im Katalog unter *»Neuheiten eigener Zucht«* sieben Sorten der Berg-Aster, alle in Blautönen, erstmals seinen Kunden vor. *»Mit ihnen hat es eine besondere Bewandtnis: Sie haben die schwersten Dauer- und Vergleichsexamina bestanden und gingen als Dauersieger aus einer sehr großen, durchgeprüften Zahl hervor«* (Foerster im Katalog 1952).

Aster amellus
'Blütendecke'.

Es waren dies:

'Altweibersommer' hellblau, spät
'Berggeist' hellblau, mittelspät
'Blaugoldzwerg' frischblau, mittelspät
'Blütendecke' silbrig violettblau, sehr lange blühend
'Kugelstrauß' helllila, spät
'Nachsommerschatz' dunkellila, früh
'Strahlenkissen' helllila, niedrig

Sorten anderer Züchter spielten nur noch eine untergeordnete Rolle. Dabei blieb es. 1957, im 50. Gründungsjahr der Gärtnerei Foerster kam eine Bornimer Sorte dazu, die bis heute in vorderster Reihe der Berg-Astern steht, **'Veilchenkönigin'**.

»Die späteste der dunklen und absolut edlen Amellus-Sorten, mehr als 8 Tage später als 'Gnom'. Sie passt auch in Steingärten, die Wirkung ist überraschend.« Mit diesen Worten schickte Karl Foerster seine beste Berg-Aster auf den Weg. In manchen Unterlagen wird als Züchtungsjahr 1936 angegeben. Das lässt erkennen, dass sie zu den vielen Züchtungen gehörte, deren Weiterentwicklung durch die Kriegsjahre verhindert wurde. Sie gehört heute zum Kern-Sortiment in vielen Staudengärtnereien und gilt bei Gartengestaltern und Gartenfreunden als zuverlässige, lilablühende und niedrigbleibende Berg-Aster. In der Sortimentssichtung wurde sie, zusammen mit der Sorte 'Sternkugel' von Lorenz Lindner als »*vorzügliche Sorte*« bewertet.

Aster amellus-Sorten werden in der Regel vegetativ durch Stecklinge vermehrt. Diese jedoch bereiten in der Anzucht viele Probleme, sodass Jungpflanzen oft schwer zu bekommen sind. Das ist auch der Grund für das gegenwärtig stark im Abschmelzen begriffene Sortiment. Lediglich eine Sorte, die schon genannte 'Rudolf Goethe', hat den Sprung in die generative Vermehrung geschafft. Von ihr gibt es Saatgut zu kaufen, das sich ohne große Probleme zu Jungpflanzen umwandeln lässt.

Die anderen Sorten geraten in eine Nischenposition, Foersters Züchtungen nicht ausgenommen, die nur noch in einigen Sortimentsbetrieben mit Enthusiasmus weiter gepflegt und am Leben erhalten werden. Gegenwärtig sind von den Foerster-Sorten noch die folgenden in Stauden-Gärtnereien zu bekommen:

'Blütendecke' (1950), silbrig violettblau, sehr reich und lange blühend, schmiegt sich richtig dem Boden an, 50 cm.

'Glücksfund' (1966), ein wahrer Glücksfund von 1966, blauviolett, straffstielig, regenfest, reichblühend, 50 cm.

'Mira' (1956), dunkelllilafarbene, mittelgroße Strahlenblumen, goldgelbe Blumenmitte, gute Haltung, 60 cm.

Aster amellus 'Sternkugel'.

'Rosa Erfüllung' (1964), das kräftige Silberrosa dieser Sorte ist wichtig zur Steigerung der blauen Farbtöne, wüchsig, standfest, 60 cm.
'Silbersee' (1979), diese Sorte in hellem Silberblau wurde aus dem züchterischen Nachlass entwickelt, früh, kompakt wachsend, 40 cm.
'Sonora' (1967), dunkelste Sorte in tiefem Veilchenblau, mittelspät, fester, geordneter Aufbau, 40 cm.
'Veilchenkönigin' (1956), dunkelviolett, sehr wüchsig, aber kompakt, spät und sehr lange blühend, 40 cm.

Links: Eine rosa Ergänzung zum blauen Sortiment: *Aster amellus* 'Rosa Erfüllung'.

Rechts: *Aster amellus* 'Glücksfund'.

Blaublättrige Hosta

Christian Meyer

Der deutsche Name Funkie ist aus der ursprünglichen botanischen Bezeichnung für diese Gattung *Funkia* abgeleitet. Diese ehrte den deutschen Apotheker und Moosforscher Heinrich Christian Funk (1771–1839). Doch wenige Jahre früher (1812) war diese Pflanze bereits gültig unter dem Namen *Hosta*, im Andenken an Nikolaus Thomas Host (1761–1834), Botaniker und kaiserlicher Leibarzt in Wien, beschrieben worden. Dies war lange nicht bekannt, sodass sich erst sehr spät der Name *Hosta* durchsetzte.

Einerlei, ob bunte oder einfarbige Blütenvielfalt im Garten, Hof oder Stadtpark: das Auge des Betrachters erfreut sich bisweilen auch an Szenen, bei denen schönes Blattwerk die Pflanzenkomposition bestimmt. Sei es, um deren Charakter zu unterstreichen oder sei es, um ruhige Akzente in gemischte Pflanzungen zu setzen.

Dies ist nur einer der Gründe, weshalb die zumeist aus Japan stammenden Funkien [67] heute zahlreichen Gartenbesitzern so wertvoll wie nie zuvor erscheinen. Als spezieller Vorzug fast aller Mitglieder der Gattung *Hosta* kommt ihre Durchsetzungskraft auch in stark von Baum und Strauch bestimmten Gärten hinzu. So genannte Problemzonen im Garten scheint es für diese mit den Lilien verwandten Gewächse nicht zu geben. In Sachen Vitalität und Langlebigkeit sind Hostas kaum zu überbieten. Dank des Züchterfleißes können inzwischen zahlreiche Hostas auch sonnenexponierten Plätze einnehmen.

Neben den rein grün- und gelblaubigen Kultivaren und solchen mit allerlei unterschiedlichen Blattpanaschierungen, steht auch ein umfangreiches Sortiment graublau bis stahlblau belaubter Sorten dem Gartenfreund zur Verfügung. Darüber hinaus besteht noch die Möglichkeit nach verschiedenen Wuchsgrößen und Blattformen auszuwählen.

Eine robuste, unverwüstliche Pflanze, die Akzente setzt: *Hosta sieboldiana*.

Eine alte, schon von Foerster geschätze blaue Form von *Hosta sieboldiana* ist die Sorte 'Elegans'.

Der Klassiker des Sortiments ist die große Blaublatt-Funkie, *Hosta sieboldiana*, deren Einzelblatt bei guter Ernährung bis zu 50 cm lang und 30 cm breit werden kann. Die alte Sorte 'Elegans' mit ihrer intensiven, blauen Blattfärbung kann hier immer noch uneingeschränkt empfohlen werden. Eine Steigerung dazu ist die noch wüchsigere Sorte 'Blue Angel'. Zum üppigen Laub kommt ein zart lilafarbener Blütenschmuck hinzu, der sich im Juni weit aus den Blatthorsten heraus streckt. Von exotischer Pracht kann auch

68 Lt. Köhlein 1993 identisch mit *H. sieboldiana* 'Aureomarginata', die Foerster »Blaue Gelbrand-funkie« nannte.

die Sorte 'Frances Williams'[68] sein. Dieser *Sieboldiana*-Abkömmling mit cremegelben Blatträndern zeichnet sich – wie alle *Sieboldiana*-Sorten – durch seine großen, zumeist leicht runzeligen, herzförmigen Blätter aus, deren Spitzen immer zum Boden zeigen.

Von ganz anderer Wuchsform sind die ebenfalls prächtigen Nachkommen der *Hosta nigrescens*. Deren bekannteste Sorte heißt 'Krossa Regal' und bildet kompaktere, glatte Blätter, welche waagerecht bis aufgerichtet an langen Stielen stehen, sodass sie als junge Pflanze fast immer einen Blick unter den »Laubrock« erlaubt. Deshalb fügt sie sich auch gut inmitten von Beeten ein. 'Regal Splendor' heißt die elegante, weiß gerandete Schwester, die wie 'Krossa Regal' auch hervorragend zur Verfeinerung grauer Pflanzungen geeignet ist.

Kleiner als 'Elegans', aber von einem strahlenden Stahlblau sind die Blätter von *Hosta* × *tardiana* 'Halcyon'.

Eine besondere Blattform kennzeichnen die so genannten Löffelblatt-Funkien (*Hosta* 'Tokudama'-Hybriden). Die mittelgroßen Pflanzen haben beinahe rundliche, meist stark runzlige, blaugraue Blätter mit nach oben gewölbten Blatträndern, woraus sich eine Löffelform ergibt. Man sollte sich vorsehen und diese markanten Gestalten keinesfalls unter Birken oder andere Gehölze stellen. Denn in den Löffeln sammelt sich Vieles und lässt die makellose Schönheit der Blätter schnell vergehen. Gehölzfreie Beete und Pflanzkübel im Mauerschatten wären hingegen passende Standorte für Löffelblatt-Funkien.

Eine noch recht junge Dimension in der Welt der Blaublatt-Funkien tat sich vor nicht allzu vielen Jahren in England auf. Die Gruppe der *Hosta* × *tardiana* war entstanden, die sich durch einen kompakten Wuchs und intensiv blaugrau gefärbte Blätter auszeichnen.

Der bekanntesten Sorte 'Halcyon' (zu deutsch: Eisvogel) folgten zahlreiche Geschwister, wie der Hosta-Zwerg 'Blue Moon' sowie die mit creme-

Zu den bläulich grünen Blättern kommen bei der *Sieboldiana*-Sorte 'Francis Williams' noch die grünlich gelben Blattränder.

gelber Blattmitte besonders elegant wirkende 'June'. Alle sind sehr gut geeignet auch kleinere Gartenszenen zu bereichern, wo sie schöne Partner kompakter Farnarten, wie dem Japanischen Regenbogenfarn (*Athyrium niponicum*) oder der Hirschzunge (*Asplenium scolopendrium*) sein können. Auch Wald-Segge (*Carex sylvatica*) und Schnee-Marbel (*Luzula nivea*) eignen sich als naturhafte Erscheinungen gut als *Hosta*-Partner. Das gelbgrüne Japanwaldgras (*Hakonechloa macra* 'Aureola') ergibt mit *Hosta* 'Halcyon' ein sehr edles Bild. Diese effektvolle Kombination aus gelblichen und bläulichen Blättern lässt sich sogar noch steigern, indem man sie in einen Teppich aus schwarzpurpurnen Schlangenbart (*Ophiopogon planiscapus* 'Nigrescens') setzt.

Blaublättrige Gräser

Christian Meyer

Auch bei den gartenwürdigen Staudengräsern befindet sich das Sortiment immer noch in stetigem Wandel. Bis vor wenigen Jahren beschränkte sich die Auswahl blaulaubiger Gräser auf kleine bis mittelgroße Grasgestalten, die es entsprechend mehr oder weniger flächig einzusetzen galt. Heute bieten gut sortierte Staudengärtnereien auch eine ganze Reihe Gräser an, mit denen filigranes Blau auch in größerem Maßstab und auch solitär in Gärten einzubringen ist.

Die blaugrauen Blattspreiten der Gräser sind zumeist Hinweis auf eine Herkunft von trockenen oder zumindest sehr sonnenreichen Standorten. Eine Kombination mit blaublättrigen *Hosta* und anderen Blattschmuckpflanzen halbschattiger bis tief schattiger Bereiche verbietet sich deshalb in der Regel.

Die eher klein bleibenden Schwingel der Gattung *Festuca* sind in Europa an vielen, meist trockenen und sonnenexponierten Standorten zu finden. Dort wie in unseren Gärten schwankt die Ausprägung der Farben nicht nur sortenbedingt, sondern auch abhängig von Jahreszeit und Nährstoffversorgung. Der Blau-Schwingel ist in den Gärten mit seinen diversen Auslesen der populärste seiner Gattung. Die vielen Sorten sind aus verschiedenen botanischen Arten, u. a. *Festuca cinerea* und *F. glauca* hervorgegangen.

'Blaufink', 'Blausilber' und 'Elijah Blue' bilden auf den ihn gemäßen, sandighumosen Standorten gerade mal spannhohe Horste und wirken am besten in größeren, locker gesetzten Gruppen. Während der Zeitgeschmack der fünfziger und sechziger Jahre noch eine Kombination mit Beet-Rosen empfahl, sollte der aufmerksame Gärtner heute standortgeeignete Partner aus dem Reich

Kugelige, stahlblaue Grashorste bildet *Festuca cinerea* 'Blaufink' aus.

der Heide-, Steppen- und Steingartenpflanzen dazu gesellen. Königskerzen (*Verbascum*), Steppen-Salbei (*Salvia nemorosa*), Perlkörbchen (*Anaphalis triplinervis*) und Zwerg-Iris (*Iris* Barbata-Nana-Gruppe) sind ebenso genügsam bezüglich Nährstoff- und Wasserversorgung wie diese Schwingelsorten.

Die leichte Beschattung alter, hochgeasteter Kiefernbestände auf mehr oder weniger sandigem Grund verträgt der Regenbogen-Schwingel (*Festuca amethystina*) recht gut. Zusammen mit Schneeheide (*Erica carnea*), Adonisröschen (*Adonis vernalis*), Küchenschelle (*Pulsatilla vulgaris*), Veronica (*Veronica teucrium*) und Geißklee-Arten (*Genista* und *Cytisus*-Arten) können auch dort attraktive Gartenbilder geschaffen werden, wo so mancher Gartenbesitzer zunächst ratlos ist, da er erfahren musste, dass es anspruchsvollen Beetstauden hier nicht gefallen wird. Auch der sehr kompakte, sehr früh im Jahr blau gefärbte Walliser Schwingel (*Festuca valesiaca* 'Glaucantha') ist in solchen Kombinationen willkommen, lässt sich aber auch mit anderen zarten Partnern im Reich der Steingartenstauden gut vergesellschaften.

Eine ganz andere Dimension erreicht der Blaustrahlhafer (*Helictotrichon sempervirens*), der als ausgewachsenes Individuum gut einen halben Meter breit wird und zur Blüte im Juni fast Hüfthöhe erreicht. Auch er mag es trocken und warm auf eher nährstoffarmen, mineralischen Standorten. Dann macht er im lockeren Verbund mit ebenso blaugrauen Erscheinungen wie den Edeldisteln (*Eryngium amethystinum*, *E. bourgatii*, *E. planum*), den Bart-Iris (Sorten von *I. barbata* oder auch *I. pallida*), Ehrenpreis (*Pseudolysimachion spicatum*) und auch der Spornblume (*Centranthus ruber*) eine wirklich gute Figur. Die Foerster-Sorte 'Pendula' mit ihren leicht überhängenden Ähren ist im Übrigen die noch gefälligere Erscheinung. Doch sollte der Blaustrahlhafer nur in kleineren Gruppen verwendet werden, denn nach seiner Blüte ist er doch eine recht unscheinbare Gestalt.

In ein ähnliches Umfeld aber in größere Gruppen lässt sich auch das fußhohe Schillergras (*Koeleria glauca*) pflanzen. Die eher breitblättrige Pflanze entwickelt kompakte Horste. Die Blüten stehen in 20 bis 40 cm Höhe an straff aufrechten Stielen. Das Schillergras sät sich leicht aus. Mit

Festuca glauca
'Elija Blue'

Panicum virgatum ist wegen seiner aufrechten Horste und den eleganten Blüten und Blättern eine eindrucksvolle Gestalt. Im Herbst entwickeln die Blätter eine sortenabhängig intensive Färbung.

ebenso dynamischen Partnern wie der Silberimmortelle (*Anaphalis margaritacea*), dem Pontischen Wermut (*Artemisia pontica*), Schleierkraut (*Gypsophila paniculata*) und Nachtkerze (*Oenothera macrocarpa*) sollte dies auf sandreichen Böden eine willkommene Eigenschaft sein.

Die zuvor beschriebenen Gräser blühen früh im Gartenjahr und besitzen daher ab Juli eingetrocknete, sandfarbene Blütenstände. Die folgenden Arten dagegen fangen in dieser Zeit erst richtig an, sich zu entwickeln. Die Graslandschaften Nordamerikas haben etliche blau bereifte Gräser hervorgebracht. Die populäre Rutenhirse (*Panicum virgatum*) wurde bereits sehr früh von Foerster empfohlen und auch von ihm selbst ausgelesen. So fand er die grünlaubige recht aufrechte Form 'Strictum' und auch die Sorte 'Rotstrahlbusch', die sich an den Enden der Blätter rotbraun verfärbt. Bei der neuen Sorte 'Heavy Metal' deutet bereits der Name stahlgraue Blattspreiten an, während 'Cloud Nine' und 'Dallas Blue' eher zu einem Blaugrau tendieren. Diese drei letztgenannten Sorten unterscheiden sich auch durch ihre prächtige, mindestens brusthohe Gestalt von den Altbewährten. Solitär eingesetzt lassen sich mit ihnen traditionelle Rabatten bereichern. In größerer Zahl gepflanzt, verhelfen sie auch großflächigen Pflanzungen zu einer lang dauernden Schmuckwirkung. Alle Rutenhirsen bedürfen erst im zeitigen Frühjahr eines Rückschnitts und sind somit wichtige Bestandteile von Winterbildern.

Auch das Indianergras (*Sorghastrum nutans*) ist eigentlich für gewöhnlich grünlaubig. 'Sioux Blue' verfügt jedoch über stahlblaue, kniehoch werdende Laubhorste, aus denen sich im Laufe des Sommers Blütenstände von bis zu zwei Metern Höhe entwickeln. Die goldbraunen Blüten verdienen unbedingt eine Nahbetrachtung, wenn die kleinen, leuchtend orangegelben Staubgefäße scheinbar aus ihnen herausfallen. Schon aufgrund seiner Herkunft liegt für dieses Gras die Kombination mit nordamerikanischen Blütenstauden wie den Sonnenhut-Arten (*Rudbeckia fulgida* u. a.), Roter Scheinsonnenhut (*Echinacea purpurea*) oder Prachtscharten (*Liatris spicata* u. a.) nahe.

Big Bluestem und *Little Bluestem* lauten die amerikanischen Bezeichnungen für zwei weitere Gräser der Prärie: das große, übermannshohe *Andropogon gerardii* und das hüfthohe *Schizachyrium scoparium*. Ihre weite Verbreitung am Ursprungsstandort hat viele verschiedene Typen entstehen lassen. Deshalb muss hier gewarnt werden: beide Arten sind bisher ohne Auslesen im Handel und so können Wuchshöhen, Habitus und Blattfärbungen sehr uneinheitlich sein. Lohnenswert wäre es auf jeden Fall, diese attraktiven Grasgestalten noch durch Staudengärtnerhand sortiert zu bekommen. Denn nicht nur als Solitäre, auch in einer großflächigen Verwendung wird diesen konkurrenzstarken Gräsern noch eine große Zukunft vorhergesagt.

Von *Panicum virgatum* gibt es einige neuere Sorten (hier: 'Heavy Metall'), deren Blätter einen bläulichen Grundton besitzen.

Ranker, Kleinsträucher und Kübelpflanzen für monatelangen Flor vom Sommer bis zum Spätsommer

Karl Foerster

Die blauesten Kugeldisteln, *Echinops humilis* 'Cyaneus'[69] und *E. ritro*, sind zwar keine eigentlichen Blaublüher, doch leisten sie mit dem hellen Stahlblau ihrer malerischen Gestalten der Buntheit gute Dienste. Wer kennt eigentlich die Duft-Clematis, nämlich *C. heracleifolia* var. *davidiana*[70], mit ihrem monatelangen weit umherduftenden Flor? Sie wächst halb staudig, halb strauchig und scheint in Deutschland erst in ganz wenigen Exemplaren zu leben. Die Besucher spüren den Duft oft schon lange in der Nachbarschaft, noch ehe sie auf die Quelle stoßen. Sie wirft ihre im Alter anderthalb Meter breiten Büsche über meterhohe Gitter.

Die Kap-Bleiwurz, *Plumbago auriculata* aus Süd-Afrika, blüht monatelang freigebig auch in unserm Norden. Kein Wort kann dieses Blau beschreiben. Die Pflanze passt gut zur Kübelpflanze und durchwintert bequem und sicher wie Oleander im Keller; sie wuchert in Südländern üppig neben Komposthaufen an vernachlässigten Plätzen, liefert edlen Vasenschmuck.

Wer die schönsten dunkelblauen oder dunkellilablauen Waldreben im Garten inmitten passender Nachbarfarben sieht, kann sich schwer entschließen, sie aus dem blauen Schatz der Gärten wegzudenken. Die

69 Sorte nicht mehr ermittelbar. Möglicherweise bezeichnet Foerster damit nur eine in der Gärtnerei vorhandene besonders blaue Form.

70 Hier sind sich die Systematiker nicht sicher: manche Autoren stellen diese Varietät auch zu *Clematis tubulosa*.

Altbewährt, aber immer noch eine wichtige, robuste Sorte: *Clematis* 'The President'.

Zu den großblumigen, beliebten *Clematis*-Hybriden gehört die 'Perle d'Azur', blauviolett mit rotviolettem Mittelstreifen.

Zu kleineren, verholzenden Büschen wächst *Clematis heracleifolia* heran. Die Blüten sind klein aber von intensivem Blau.

Eine altbewährte Kübelpflanze, die sich wieder großer Beliebtheit erfreut: *Plumbago auriculata*.

Links: Die samtig blauviolette *Clematis* 'Romatica' besitzt sternförmig geformte Blüten.

Rechts: Eine besonders elegante Erscheinung ist die *Viticella*-Hybride 'Alba Luxurians'. Weiße Blüten verbinden sich mit grünlichen Spitzen.

Clematis-Hybride 'The President' ist in der Reihe der 12 blauesten Clematis wirklich ein »Präsident«. Man weiß nicht, ob man ihr oder der *C.* × *jackmannii* 'Superba' die größere Wichtigkeit zusprechen soll. Ebenso geht es mit dem Vergleich vom hellblauen Wert der *Clematis*-Hybride 'Marcel Moser' mit Sorten aus der *Lanuginosa*-Gruppe [71].

Ins reinste, tiefste Blau führen uns wieder die blauen Hortensien in bestimmten Namensorten, welche in besonderen Gartenböden oder in entsprechenden mit Alaun durchsetzten Erdmischungen der Kübel oder Töpfe jenes oft seltsame Blau hervorbringen. Wir wiederholen hier mit Vorbedacht.

Die Züchterarbeit an den Hortensien wird weiter vorschreiten und nicht nur den weißen, rosigen, roten und blauen Tönen, sondern auch der Winterhärte dieses Strauches bis in die Zweigspitzen dienen. Die Hortensie ist in vielen Städten Beherrscherin der Vorgärten. Aber die Baumschulen können sich dies am wenigsten zurechnen, denn die Verbreitung geht über die Blumenläden und Treibereien. Auch in Kübeln gedeiht die Pflanze ausgezeichnet, muss dann allerdings zum Winter in den Keller gesetzt werden. Wie nobel und schonsam ist doch ihr Verblühen, das wieder geheime neue und sehr ausdauernde Schönheitsnoten enthält!

Von der blauen Kübel-Lilie, dem *Agapanthus*, mag man sich nicht leicht wieder trennen, wenn man seinen langen blauen Flor etwa am Rande von Ufergärtchen neben tiefbraunen Taglilien erlebte. Eine anspruchslosere Kübelpflanze ist nicht zu denken. Aber man erkennt im Lauf der Jahre, dass sie trotz ihrer fakirhaften Genügsamkeit Holzkübel dem Tonkübel vorzieht. [72]

71 Clematis sind wieder zu Modepflanzen geworden. Auch in Deutschland gibt es inzwischen Gärtnereien, die sich auf diese Gattung spezialisiert haben. Besondere Beachtung verdienen Kultivare aus der staudigen *Integrifolia*-Gruppe, *Clematis* × *durandii*, die *Alpina*- und *Macropetala*-Sorten und die vielen neuen Züchtungen aus der *Viticella*-Gruppe.

72 Auch von *Agapanthus* gibt es von England kommend inzwischen viele neue Sorten mit tiefen Blautönen. Zum Teil könnten diese auch hier in Deutschland winterhart sein.

1

***Echinops humilis* 'Cyaneus', stahlblaue Zwerg-Kugeldistel**

Familie der Asterngewächse, nördliche Mittelmeerländer, brusthoch

VI/IX, ○ ⊖ ◎ ✧ ❖ ✂ ⛉

Bis 1 m hoch werdend, ist sie wohl die blaueste der Kugeldisteln. Sie passt in Steingärten, Rabatten und Schnittblumengärten, wo die Pflanze unverwüstlich ausdauert. Nachbarschaft: weißer Phlox.

2

***Clematis heracleifolia* var. *davidiana*, Mandelduft-Waldrebe**

Familie der Hahnenfußgewächse, Himalajaregion, tischhoch

VI/X, ○ ⊖ ◎ ✧ ✂ <

Die Mandelduft-Waldrebe überwölbt im 2. Jahr nach der Pflanzung bereits anderthalb Meter breite, über meterhohe Gitter monatelang von Sommer bis Herbst mit ihrem zierlichen, bei Hitze umherduftenden blaulila Flor –, also viel länger als jede andere Clematis. Nachbarschaft: *Clematis flammula*.

3

***Plumbago auriculata*, Kap-Bleiwurz**

Familie der Bleiwurzgewächse, Cap, Südafrika, tischhoch bis mannshoch

VI/IX, ○ ⊖ ◎ ⊔ ❖ ✂

Sie ist uns nach vierzigjähriger Bekanntschaft noch ebenso seltsam neu und unerschöpflich schön. Ein wunderliches Gefühl, diese Kostbarkeit im Süden auf Komposthaufen und an vernachlässigten Gartenplätzen üppig wuchern zu sehen, sodass man täglich massenweise Blumen für die Vase schneiden kann. Wer das erlebte, hat sie umso lieber im Norden um sich. Nachbarschaft: weiße Hortensien, ebenfalls als Kübelpflanze.

4

***Clematis*-Hybride 'The President', dunkelblaue Waldrebe**

Familie der Hahnenfußgewächse, Ranker

V/VI, ⊖ ◎ ◍ ❖ ✂

Ist eine aus der Reihe der zwölf blauesten Clematis, die man in den meisten Beleuchtungen nicht mehr unter Lilablau, sondern unter Dunkel- und Hellblau einzuordnen geneigt ist. Es gibt aber auch Beleuchtungen, in denen der lilablaue Streit beginnt! Nachbarschaft: weiße Kletterrosen.

5

***Clematis*-Hybride 'Crimson King', große rote Waldrebe**

Familie der Hahnenfußgewächse, Ranker

V/VI, ⊖ ◎ ◍ ❖ ✂

Bildet die schönfarbene Partnerschaft der weißen Waldrebe.

6

***Clematis*-Hybride 'Marcel Moser', lavendellila Waldrebe**

Familie der Hahnenfußgewächse, Ranker

VII/VIII, ⊖ ◎ ◍ ❖ ✂

Große lilarosa Pracht-Waldrebe!

7

***Hydrangea macrophylla* 'Niedersachsen', warmblaue Garten-Hortensie**

Familie der Steinbrechgewächse, Japan, China, tischhoch

VII/X, ○ ⊖ ◎ ◍ ✂

Rechts oben ragt die Stammform der *Hydrangea paniculata*, die prachtvolle 2 m hohe Büsche mit schlanken weißen Rispen bildet. Als Nachbar für die blauen Hortensien nannten wir die unverwüstliche *Hydrangea aborescens*.

8

***Agapanthus praecox* subsp. *praecox*, Kübellilie in Blau und Weiß**

Familie der Liliengewächse, Cap, Südafrika, tischhoch

VI/VII, ⊖ ◎ ◍ ⊔ ✂

Der *Agapanthus* bekommt stärkere Bedeutung als je durch die neue Riesenform, die alte Büsche ins Monumentale erhebt und den Schönheitsgedanken der ganzen Pflanze eindrucksvoller herausarbeitet. Die Stammart ist aus Samen zu ziehen. Die Gigantenform braucht natürlich mehrere Jahre, um zum voll ausgebauten Exemplar heranzuwachsen. Durchwinterung am Kellerfenster ist bequem, und zwar in dem Kellerklima, das der Kartoffel entspricht. Die Blütezeit dauert sechs bis acht Wochen. Der neue Riesen-*Agapanthus* in normalen Kübeln bildet fast mannshohe Pflanzen. Man vereinigt sein Blau gern im rhythmischen Wechsel mit weißen *Agapanthus*.
Er passt auf Mauerplätze von Wasserterrassen und Ufergärten, da er einigermaßen den Charakter der Ufervegetation hat. Nachbarschaft: goldene und zitronenfarbene *Hemerocallis*.

1.
2.
3.
4.
5.
6.
7.
8.
E. Barth

Frühherbst- und Oktober-Enzian

Karl Foerster

Wieder ist in den Zeiten leisen Verklingens vieler sommerlich aufsteigender Blumen- und Pflanzenschönheiten während der langen, angeblich absteigenden Herbstzeiten der Blumengärten wieder von der zunehmenden Fülle auch frühlingshaften und aufsteigenden Blütenlebens zu berichten, das die späten Herbstmelodien durchflicht. All dies reiche Leben der Enziane, der chinesischen Bleiwurz, der Krokusse, Herbstzeitlosen, Herbstanemonen, Veilchen und Alpenveilchen entspricht in dieser Jahreszeit auch so recht unserer neueren Einstellung zum Herbst, die in steigendem Maße dies große Schönheitsabenteuer auch von Tonarten und Klängen getragen findet, die uns ganz andere Wege führen als das alte Herbstgefühl früherer Zeiten.

Gentiana asclepiadea, der Schwalbenschwanz-Enzian, geliebter kniehoher Alpenschmuck des Spätsommers und Septembers, haust gern in frischen Waldlichtungen oder auch Mooren. Die unverwüstliche Staude wächst sich im Alter oft zu 80 cm breiten Büschen aus. Man kann auch in der Wildnis rein blaue und lilablaue Exemplare finden und soll für die Gärten natürlich den Samen der reinblauen bevorzugen und ihm im halbschattigen Gartenbeet womöglich eine Moosdecke geben. Die Ansiedlung der kräftigen Jungpflanzen mit guten Topfwurzelballen sichert das Dauergedeihen. Im nördlichen Balkan ist eine etwas mehr als tischhohe Form dieses Enzians gefunden worden.

Der spannhohe Wellensittich-Enzian, *Gentiana farreri,* der ganz das einmalige Blau des Wellensittichs trägt und erst in diesem Jahrhundert von Farrer, dem Maler, Pflanzenforscher und Gartenschriftsteller, entdeckt wurde, stellt auch deswegen ein so wunderbares blaues Kleinod für die Gartenzukunft der Welt dar, weil die Pflanze gleichfalls zu den leicht wachsenden und aushaltsamen Enzianen gehört. Vom zweiten Jahr ab verträgt sie sogar ohne Wassernachhilfe Trockenheitszeiten an mäßig

Rechts: Mit gleicher Blütenform wie der Stängellose Enzian erblüht *Gentiana sino-ornata* im Herbst aus dichten, rasenbildenden Polstern.

Von den herbstblühenden Enzianen gibt es in der Zwischenzeit viele verschiedene Sorten, hier die Hybride 'Kingfisher'.

Ein dankbarer Enzian, der vielen von sommerlichen Wanderungen im Gebirge bekannt sein dürfte: *Gentiana asclepiadea*.

1

***Gentiana asclepiadea*, Schwalbenschwanz-Enzian**

Familie der Enziangewächse, Mitteleuropa, Kaukasus, kniehoch

VII/IX, ○ ⊖ ◎ △ ⊔ ✧ ✂

Der Schwalbenschwanz-Enzian, geliebter Spätsommer- und auch noch Septemberblüher der Alpen, besonders der Vorberge, haust hauptsächlich in frischen Waldlichtungen oder auch Mooren, womit gleichzeitig gesagt ist, dass er weit bis zum Fuß der Alpen niedersteigt. Die unverwüstliche Staude, die kniehohe und 80 cm breite Büsche im Alter bildet, hat bei der Gartenansiedlung einen kleinen Wunsch: Sie will mit dem festen Wurzelerdballen aus dem Topf, in den sie schon als junger Sämling gepflanzt werden muss, angepflanzt werden; dann hält sie in infinitum aus wie in der Wildnis. Andernfalls wird häufig ein Eingehen nach ein paar Jahren beobachtet. Nachbarschaft: Stipa-Gräser.

2

***Gentiana farreri*, Sittich-Enzian**

Familie der Enziangewächse, China, spannhoch

VII/IX, ○ ⊖ ◎ △ *f* ✧ ‖ ✂

Der hellblaue Wellensittich-Enzian des August aus China ist eine verhältnismäßig leicht zu hantierende, dankbare Kostbarkeit, die im Gegensatz zu voriger von Tropfenfall aus Bäumen sich unangenehm berührt fühlt und volle Sonne wünscht, dabei auch zeitweise Trockenheit verträgt, wenn sie alteingewachsen ist. Auch sie sollte wie die nächste aus Töpfen gepflanzt werden. Der Sittich-Enzian kam wie der folgende vor über 30 Jahren aus nordwestchinesischen Bergen nach Europa. Nachbarschaft: *Satureja montana*.

3

***Gentiana sino-ornata*, Oktober-Enzian**[73]

Familie der Enziangewächse, China, spannhoch

VIII/X, ⊖ ◎ △ *f* ✧ ‖ ✂

Der dunkelblaue chinesische Herbst-Enzian wird spannhoch und benimmt sich in Gärten anfangs etwas unberechenbarer als die anderen. Wo er die nötige Frische und Helle zusammenfindet, wächst er üppig wie kein anderer Enzian, während er in trockenen Klimaten und Gärten sich anfangs einigermaßen bitten lässt und auch von leichtem Halbschatten dann zunächst nicht zu fördern ist, sondern nur günstig antwortet, wenn ihn nicht auch Gehölzwurzeldruck bedrängt. Zwischendurch hört man aus allen Teilen Deutschlands immer wieder begeisterte Urteile über diese neue zauberische Frühlingsgestalt langer Herbstwochen. Nachbarschaft: *Sedum sieboldii*.

4

***Pseudolysimachion spicatum* 'Romely Blue'**[74]**, dauerblühende Blaukerze**

Familie der Braunwurzgewächse, kniehoch

VII/IX, rem., ○ ⊖ ◎ △ ⊔ ✧ ⁘ ✂

Endlich einmal eine tief dunkellilafarbene veredelte *P. spicatum* von genügender Bestockungsenergie, die erste ihrer Art, über Vorgänger erhoben! Nachbarschaft: *Achillea × kellereri*.

5

***Calluna vulgaris* 'H.E. Beale', gefülltes rosa Sommerheidekraut**

Familie der Heidekrautgewächse, fußhoch

VIII/X, ○ ⊖ △ *f* ✧ ‖ ✂

Dicht gefülltes silberrosa Sommerheidekraut west- und nordeuropäischer Heidegegenden.

73 Von den Herbst-Enzianen, *Gentiana sino-ornata* und *G. farreri* gibt es in der Zwischenzeit eine große Anzahl von Hybriden und Sorten in weiß und blau, gefüllt und einfach.

74 Eine Sorte 'Romely Blue' ist heute nicht mehr nachweisbar. Dagegen ist 'Romiley Purple' heute noch im Handel. Möglicherweise meint Foerster diesen Kultivar. 1940 gibt er in der Bildbeschreibung noch 'Blauer Peter' an. Auch diese Sorte ist heute nicht mehr erhältlich.

1.
2.
3.
4.
5.
E. Bartning

günstigem Platz. Unfassbar, dass dieser kostbar edle chinesische Blumenschatz aus Berghöhen mit Leichtigkeit und Ausdauer auch in kleinen Laubengärten gedeiht.

Wer den Oktober-Enzian, *Gentiana sino-ornata*, zum ersten Mal in breiten blauen Polstern blühen sieht, staunt bei oberflächlichem Blick über die Ähnlichkeit mit dem Trichter-Enzian, *Gentiana acaulis* – und entdeckt dann die gelblichen Außenstreifen. Er ist in luftfeuchten Gegenden auf frisch bleibendem Boden – im Sommer vor allzu heißer Sonne behütet – so leicht wachsend und reichblühend, dass es nicht übers Herz zu bringen war, von diesem Oktoberwunder hier in Wort und Bild zu schweigen. Eine Florverlängerung geschieht durch Pflanzung einer Vorläufersorte, *G. s.* 'Praecox', die etwa drei Wochen früher erblüht. Reizvolle Nachbarschaft leisten diesen Enzianen kleinere oder mittelgroße arne und Gräser, ausgewählt je nach Schatten- oder Sonnenlage, ferner remontierende Silbergarben[75], Herbstkrokus, niedrige weiße Bergminze[76] und *Anemone hupehensis*.

75 Foerster meint hier die niedrigen, alpinen Arten der Schafgarbe. Es gibt mehrere, ähnliche Arten wie *Achillea ageratifolia*, *A. ageratifolia* subsp. *serbica*, *A. clavennae*, *A. sibirica*, *A. umbellata* und *A. umbellata* subsp. *argentea*.

76 *Satureja montana* 'Alba'; die Alba-Form ist nicht mehr im Handel erhältlich.

In keinem herbstlichen Garten darf *Anemone hupehensis* 'Honorine Jobert' fehlen; vornehme weiße Blüten lassen sich gut zu blauen Blumen kombinieren.

Allerlei Sommer- und Herbstblau unserer Gärten aus China und Mexiko

Karl Foerster

Der hellblaue und dunkelblaue Zwerg-Rittersporn stammt aus der Nachbarschaft der chinesischen Mauer. Er ist dort von einer niedrigen weißen *Clematis* dicht durchwirkt – dieser kleine Mitschöpfer des *Belladonna*-Rittersporns, der ja durch jene Erbschaft mit den vielen kleinen Seitenblütenarmen des Zwerges herumfuchtelt.

Der Zwergrittersporn selber verhält sich manchmal etwas unberechenbar; doch sind seine modernsten Veredelungen oft von solcher Schönheit, dass man in Steingärten nicht von ihm lassen mag. Man sollte ihn mit guten Topfballen pflanzen, am besten in nicht zu dichten Trupp, und nur ganz wenige Pflanzen Samen tragen lassen, den man daneben gleich ausstreut, während man sonst die Blütenstiele nach ihrem Abblühen kurz wegschneidet.

Es gibt so unermesslich viele, unverwüstliche, diensteifrige Kleinstauden, dass man auch mit ein paar kapriziösen Geschöpfen ein bisschen herumjonglieren mag.

Ceratostigma plumbaginoides, die chinesische Bleiwurz des Spätsommers und Herbstes, bildet reinblaue Blütenpolster auf rotbraun gefiederter Unterlage. Sie verdient wahrhaftig ihren Platz im Steingarten oder sonst zwischen Kleinstauden. Ganz leichte Bedeckung verhindert Winter-Verschnupfung.

Aus Mexiko und dem nördlichen Zentral-Amerika kam uns die *Salvia patens*. In mehr als Fußhöhe durchblüht dieser enzianblaue Knollen-Salbei aller Sommer- und Herbstmonate ohne ein Nachlassen. Ihre Knollen werden in der Temperatur des Dahlienkellers sicher durchwintert, aber man legt sie in Kästen und schüttet sie mit trockenem Torfmull oder Sägespänen ein, um die Knollen, möglichst am Austrocknen zu hindern. Doch ist dieser blaue Schatz auch vom April her als Einjahrsblume neu heranzuziehen, was allerdings unter Glas zu geschehen hat, bis die Auspflanzung Mitte Mai erfolgt. Es kann diesen edlen Pflanzen nie passieren, einmal zu halb verschollenen, etwas aus der Mode gekommenen Blütengewächsen zu werden! Eine hellblaue Variante trägt den Namen 'Cambridge Blue'. Proben der Überwinterung im Freien sind bei Überschüttung mit etwas Torfmull und Fichtenzweigbelag bisher auch in schweren Wintern gelungen. Sie treiben dann wohl spät, aber energisch hervor.

Ceratostigma plumbaginoides ist ein spät blühender Bodendecker. Nach der Blüte verfärben sich die Blätter orangerot.

Die herbstblühende Rittersporn-Salbei, *Salvia azurea* var. *grandiflora*, gleichfalls aus Prärien nördlich von Mexiko, ist mit dem Vorbehalt zu nennen, dass sie nur für mildeste deutsche Gegenden passt und ihre gute Durchwinterung in anderen Gegenden nur mit Winterbedeckung erzielt wird. Sie hat eine unscheinbare Doppelgängerin, deren Blütezeit einen Postzug zu spät kommt und nach langem Wartenlassen mit allzu bescheidenem Flor ärgert.

Im Reich der Karpatenglocke (*Campanula carpatica*) wurde eine *Campanula*-Rasse von tadellosem Altersverhalten geschaffen; man merke sich die Namen: 'Zwergmöwe', weiß, 'Blaumeise', blauweiß, 'Spechtmeise',[77] tieflila –, deren zweiter Flor durch die dichten niedrigen Kissen-Büsche viel wirksamer wurde.

77 Diese drei, von Foerster selbst entwickelten Sorten sind nach wie vor im Handel erhältlich. Eine weitere Züchtung ist die sehr geschätzte und hier nicht genannte 'Karpatenkrone' von 1949.

Links: Für den sommerlichen Steingarten: *Campanula carpatica* 'Blaue Clips'.

Rechts: *Campanula carpatica* 'Karpatenkrone'.

1

***Campanula carpatica* var. *tubinata* 'Pallida', hellblaulila Karpatenglocke**

Familie der Glockenblumengewächse, Karpathen, spannhoch

v/vi, rem., ○ ⊖ ◎ △ *f* ✧ ||

Sie bringt durch Haupt- und Nachflor 14 Wochen lang ihren faszinierenden Farbton in die Gärten. Die Büsche werden sogar oft fußhoch und treiben im Alter mehrere hundert Stiele. Nach Beendigung des Hauptflors nützt Rückschnitt dem Nachflor. Nachbarschaft: *Gypsophila* Rosenschleier, Rosenschleierkraut.

2

***Delphinium tatsienense*, blauer Zwerg-Rittersporn**

Familie der Hahnenfußgewächse, China, fußhoch

vi/vii, ○ ⊖ ◎ △ ✧ ✣

Der chinesische Zwerg-Rittersporn, der sich bald staudig, bald halbstaudig verhält, bald in älteren Pflanzen, bald in jungen Sämlingen immer wieder an derselben Stelle zur Hand ist, kommt in dunkelblauer, lichthellblauer und weißer Farbe vor. Chinareisende berichten, diesen Zwerg auf endlosen Strecken nahe der chinesischen Mauer, mit einer ganz niedrigen weißen Clematis durchwirkt, in Blüte getroffen zu haben.

3

***Ceratostigma plumbaginoides*, reinblaue China-Bleiwurz**

Familie der Bleiwurzgewächse, China, spannhoch

vi/x, ○ ⊖ ◎ ◍ △ *f* ||

Diese Bleiwurz bildet drei viertel Fuß hohe Blütenpolster von endloser herbstlicher Blütezeit und edlem, tiefem, reinem Blau. Die unverwüstliche Pflanze stellt echtes deutsches Gartengut dar[78]. Nachbarschaft: *Saxifraga fortunei*.

4

***Salvia patens*, Enzian-Salbei**

Familie der Lippenblütler, nördliches Zentralamerika, Mexiko, kniehoch

vi/x, ○ ⊖ ◎ △ ✧ ✣ ✂

Wie Dahlien in gleicher Kellertemperatur, so durchwintert diese Knollenstaude, nur mit dem Unterschied, dass man sie mit etwas feuchtem Sand oder Torfmull in Kästen hält, um so die Knollen in Frische und leisem Wurzelleben zu erhalten. Nachbarschaft: rote, rosa und weiße Polyantharosen.

5

***Salvia azurea* var. *grandiflora*, hellblaue Rittersporn-Salbei**

Familie der Lippenblütler, Mexiko, mannshoch

vii/x, ○ ⊖ ◎ △ ✧ ✣ ✂

Mehr als mannshohe Blütenbüsche bringt die herbstblühende Rittersporn-Salbei, die bis in den Oktober hinein in Blüte steht. Diese Präriepflanze war früher in einer viel zu späten Abart vertreten, die daher nur für südlichere Gärten in Betracht kam. Nachbarschaft: Lattichkerze.

6

***Delphinium tatsienense*, blassblauer Zwerg-Rittersporn**

Familie der Hahnenfußgewächse, China, fußhoch

vi/vii, ○ ⊖ ◎ △ ✧ ✣

Dieser blassblauen Form gesellte sich noch eine weiße dazu.

7

***Anemone vitifolia*[79], rosa Spätsommer-Anemone**

Familie der Hahnenfußgewächse, Westchina, tischhoch

vii/ix, ○ ⊖ ◎ ◍ ✧ ✣ ✂

Vollkommen winterharte Spätsommer-Anemone, in rosa und weiß vorhanden. Nachbarschaft: Farne.

8

***Campanula carpatica* 'Coerulea'[80], blaue Karpatenglocke**

Familie der Glockenblumengewächse, Karpaten, spannhoch

v/vi, rem., ○ ⊖ ◎ △ *f* ✧ ||

Blaue, großblumige Glockenblume größter Anspruchslosigkeit für Steingärten, Trockenmauern und als Einfassungspflanze. Nachbarschaft: weiße Karpatenglocken.

78 Vielleicht bezieht sich diese Bemerkung auf die Diskussion um die Bodenständige Gartenkunst und ihre Pflanzen. Alwin Seifert hatte in mehreren Aufsätzen 1929 eine Beschränkung auf heimische oder in Deutschland traditionell kultivierte Pflanzen gefordert – eine Ansicht, die Foerster in keiner Beziehung teilte. 1941, als der »Blaue Schatz der Gärten« zum ersten Mal erschien, war es möglicherweise angezeigt eine Pflanze aus China als »echtes deutsches Gartengut« zu propagieren, um ihre Verbreitung zu fördern – vielleicht hat er sich damit aber auch einen Scherz gegenüber den Machthabern und ihrer Ignoranz erlaubt.

79 Nach neuen Erkenntnissen ist *Anemone vitifolia* in Deutschland nicht vollständig winterhart und daher selten echt im Handel. Möglicherweise handelt es sich bei der hier von Foerster beschriebenen Art um *A. tomentosa*, die offensichtlich häufig unter dem Namen *vitifolia* verkauft wurde (Simon 2002).

80 Eine solche Sorte ist nicht im Handel. Möglicherweise wollte Foerster damit nur einen blauen Typ dieser Art kennzeichnen, ohne dass er damit gleich eine bestimmte Sorte meinte.

1.
2.
3.
4.
5.
6.
7.
8.

Blaulila helle und dunkle Stauden-Astern des Nachsommers und Herbstes

Konrad Näser

Ein Ausschnitt aus dem herbstlichen Foerster-Garten in Bornim. Ein *Miscanthus*-Horst dominiert das Bild, darunter breitet sich ein Teppich von blauvioletten Stauden und graublättriger *Salvia officinalis* aus.

»An rauen grauen Tagen zieht es uns ganz besonders zu den Farben der Stauden-Astern, wie zu Leuten, die alles durchgemacht und sich dennoch eine kindliche gedämpfte Heiterkeit bewahrt haben« (Foerster 1922). Aus dieser Stimmung heraus kommt Karl Foerster 12 Jahre später zu dem frohen Ausruf *»Per astera ad astra«* (Foerster 1934). Jahrzehnte intensiven Astern-Erlebens gingen dieser Wandlung voraus.

Die Herbst-Astern, die er am Beginn seiner Gärtnerlaufbahn in Deutschland bereits vorfand, waren Sorten der Raublatt-Aster, *A. novae-angliae*, der Glattblatt-Aster, *A. novi-belgii* sowie als niedrige Formen die Kissen-Astern, *A. dumosus*. Es gab aber auch schon die Blaue Wald-Aster, *A. cordifolius* und die Erika-Aster, *A. ericoides*. Sie alle stammen ursprünglich aus Nordamerika, waren jedoch in Europa um 1900 schon in vielen Sorten verbreitet.

Karl Foerster durchbrach sein oft erprobtes Prinzip, zunächst alles von einer Staudengattung zu sammeln, dann zu sichten und erst danach mit eigenen Züchtungen zu beginnen, bei den Astern insofern, als er bereits 1909 und 1912 mit zwei *»Neuheiten eigener Zucht«* an die Öffentlichkeit trat: *Aster novi-belgii* 'Herbstwunder' in Weiß und 'Blütenwolke' in zartem Hellblau. Doch beide hielten nicht lang seinem kritischen Urteil stand. Es folgten Jahre beständigen Prüfens, ohne dass er sich entschloss, die eigenen Vorstellungen in Neuzüchtungen umzusetzen. Aber er war nicht ohne Ziel. Er schrieb: *»Wer zwei Jahrzehnte hindurch – unbeirrt durch alle Fehler umfallender, mehltaubefallener, im Alter gelbblättrig und kahl werdender, bei Regen struppiger, unordentlicher oder langweiliger ... noch dazu tückisch umherwuchernder Astern, – an eine ganz andere Zukunft dieser Pflanzen geglaubt hat, der wird reich und in jedem Jahr mehr für diesen Glauben belohnt«* (1922). 30 Jahre später betonte er noch einmal: *»Herbst ohne Ende mussten wir durchleben, um unter der Vielzahl der Asterngesichter das herauszufinden, was uns ... in Regenwetter, Herbstfrost und Dürre nie langweilig wurde«* (1952).

Nach langen Jahren des kritischen Abwartens und Abwägens war endlich 1950 der Aufbruch zu den neuen Astern-Sorten geschafft. 'Blaue Nachhut', 'Blaugitter', 'Jupiter' und 'Rosenquarz' waren die ersten, die den Gartenfreunden vorgestellt werden konnten. *»Alle Haltungslosen, Verwöhnten und Übertroffenen wurden nun in die langen Listen der entbehrlichen Gartenpflanzen*

Aster novi-belgii 'Blaue Nachhut'.

Aster novi-belgii 'Helene' entstand 1970 aus dem Foersterschen Erbe.

eingetragen«. Es waren Glattblatt-Astern, die die besondere Aufmerksamkeit des Züchters erfuhren. Neben blauen Sorten entstanden auch andere, so die Sorte 'Rosenquarz' mit dem Wildnisreiz ihrer strahligen Blumen und dem Ausruf eines Besuchers: »*Da liegt ja ein wahres Engadinlicht darüber*!«, kurze Zeit später dann auch weiße Sorten: 'Dein Weißes Wunder', 'Milchstraße', 'Zauberspiel' und 'Weißer Elefant', als die natürlichen Gegenspieler der blauen Töne.

Insgesamt 20 Bornimer Sorten der Glattblatt-Aster sind bekannt geworden, dazu einige aus der Zeit nach 1970, z. B. 'Helene', 'Karminkuppel', 'Schneeberg' und 'Violetta'. Aber die gegenwärtig noch auffindbare Zahl ist klein. Immer wieder auftretende Krankheitsanfälligkeit und die rasche Folge neuer Züchtungen hat es alten, etablierten Sorten schwer gemacht, sich zu behaupten. Dem Motto dieses Buches folgend, nennen wir nachstehend die noch in den Gärtnereien vorhanden Foerster-Sorten in blauen und weißen Farbtönen:

'Blaue Nachhut' wichtiger wüchsiger Spätblüher in hellem Violettblau, schmale Rispen, gesund und stabil, 120 cm.

'Blütenmeer' helllila, kompakt, eine Bornimer Sorte von 1982, als reichblütige Vordergrund-Aster unverzichtbar, 70 cm.

'Brigitte' helllavendelblau, enorm reichblütig, gut verzweigt, standfest, gut für den Schnitt geeignet, 100 cm.

'Dauerblau' violettblau, bekannteste Foerster-Aster, hoch bewertet, stabil und gesund, beste Schnitteignung, 140 cm.

'Helene' Bornimer Sorte von 1975 mit großen, lavendelblauen Blumen, spät und lange blühend, breitwachsend, 80 cm.

'Schneeberg' Bornimer Sorte von 1982, reinweiß, sehr reichblütig, mittelfrüh, gut verzweigt, straffstielig, 120 cm,

'Violetta' Bornimer Sorte 1975, violett mit honiggelber Mitte, reich und lange blühend, breitwüchsig, 80 cm.

'Weißer Elefant' hohe, spitze weiße Blütenstände, spät, standfest, an halbschattigen Standorten mehltauanfällig, 160 cm.

'Zauberspiel' weiß, früh und lange blühend, kompakt, vital, wichtig durch ihren zierlichen, niedrigen Wuchs, 80 cm.

Die Glattblatt-Astern waren und sind beliebte Ziele auch anderer Staudenzüchter. Von ihnen sind einige vorzügliche blaue Sorten noch anzufügen:

'Erfurt blüht' (Koch, Erfurt, 1961), blaulila, 100 cm.

'Fuldatal' (Klose, Lohfelden, 1971), purpurviolett, großblumig, früh, 100 cm.

'Mary Ballard' (Ballard, England, 1955), blau, gefüllt, früh, 100 cm.

'Sailorboy' (Spijker, Holland, 1971), dunkelblau, halbgefüllt, 90 cm.

'Schöne von Dietlikon' (Tommasini, Schweiz, 1951), blauviolett, gelbe Mitte, 120 cm.

Die Raublatt-Astern (*Aster novae-angliae*) haben ganz zu Unrecht nie die große Bedeutung unter den Herbstblühern erlangt, wie andere Astern-Gruppen. Karl Foerster widmete dennoch einige Jahre Züchtungsarbeit dieser Gattung. Entstanden ist als beste Sorte **'Rosa Sieger'** in wundervoll klarem Lachsrosa – als Nachbar für die violetten oder lilablauen Sorten unentbehrlich. Zu letzteren konnte er jedoch nichts hinzufügen. Von allen älteren Sorten in diesen Farbtönen ist nur eine wirklich empfehlenswerte geblieben: **'Barr's Blue'**, eine tief blauviolette, spätblühende Raublatt-Aster für den Hintergrund, 160 cm hoch. Erst jüngst kam aus Amerika noch ein Zwerg dazu: **'Purple Dom'**, nicht höher als 60 cm, purpurviolett, leider nur in manchen Jahren reich blühend.

Wesentlich mehr Aufmerksamkeit schenkte Karl Foerster den niedrigen Verwandten der Glattblatt-Aster, den Kissen-Astern: »*Der kleine struppige Prärie-Zwerg, Aster dumosus, hat die Kraft offenbart, … einen unabsehbaren Zuwachs an fester Haltung und an sauberer, dichter Blütenfülle hervorzubringen*« (Meine Lebensarbeit 1907–1946).

Eine strahlend weiße Sorte der Raublatt-Aster, *A. novae-angliae* 'Herbstschnee', die sich sehr gut mit den blauen und violetten Kultivaren kombinieren lässt.

Eine niedrige Kissen-Aster aus Foersterscher Zucht: *Aster dumosus* 'Silberblaukissen'.

Aber auch in diesem Sortiment war und ist der Wettbewerb mit anderen Züchtern sehr groß, so dass von Foersters 7 Sorten nur noch **'Silberblaukissen'** wirkliche Bedeutung behalten hat. Es ist eine 30 cm hohe, silberblaue Kissen-Aster des Oktoberanfangs, die 1972, aus dem züchterischen Erbe noch eine Steigerung erfuhr: **'Silberteppich'**, 40 cm hoch, besonders blühwillig, auch noch nach Jahren einen dichten Blütenteppich bildend.

Von anderen Züchtern sind im blauen Farbbereich sehr gute Sorten auf dem Markt, die als blauer Schatz vieler September- und Oktoberwochen im Vordergrund von Staudenrabatten oder im Steingarten gelten können und daher hier nicht fehlen dürfen:

'Blaue Lagune' (K. H. Marx, Pettstadt), kräftig blau, 40 cm.
'Daniela' (Klose, Lohfelden, 1991), violettblau, großblütig, 30 cm
'Lady in Blue' (Perry, 1955), frühblühend, reines Blau, 40 cm.
'Mittelmeer' (Klose, Lohfelden, 1977), azurblau, halbgefüllt, 30 cm.
'Prof. Anton Kippenberg' (Benary/Walter, 1949), die Standardsorte in Blauviolett, 40 cm.

»Seltsam, wie unser Inneres mit dem Auf- und Abblühen solcher großen, vieltausendblütigen Asternstauden mitflutet und ebbt. Jede Sorte ist eine Welt für sich. ... Wir ahnen kaum, wieviel Blaus (noch) warten und was sie zu sagen haben werden« (Foerster 1953)

Links: Eine weitere Kissen-Aster mit intensiven blauvioletten Blüten: *Aster dumosus* 'Prof. Anton Kippenberg'.

Rechts: Mit einem ungewöhlichen, hervorstechenden Rosa-Ton macht dieser 'Rosa Sieger' (*Aster novae-angliae*) im herbstlichen Garten auf sich aufmerksam.

Wilde Sternenvielfalt, weitere gartenwürdige blaue Astern

Christian Meyer

In den letzten Jahren haben Aster-Gestalten Verbreitung gefunden, die von den Botanikern teilweise auch mit anderen als dem Gattungsnamen Aster versehen wurden. Für die Gartenwürdigkeit dieser Pflanzen ist dies jedoch zweitrangig, sodass hier unabhängig von der Namensgebung auf einige dieser zumeist wildnishaften Aster-Typen hingewiesen werden soll.

Von *Aster sedifolius* ist nur eine besonders kompakte Auslese 'Nanus' im Handel. Kaum kniehohe, nadelförmig belaubte Stauden erblühen violettblau im August. Die zu den wenigen europäischen Aster-Arten gehörende Pflanze benötigt unbedingt besonnte Standorte auf denen sie mit anderen Wildstauden, wie den Goldgarben *Achillea* Filipendulina-Hybriden, Knautien (*Knautia*), Steppensalbei (*Salvia nemorosa*), Kugeldisteln (*Echinops*) und Gräsern wunderschöne Steppenaspekte bilden kann.

Die Gruppe der *Aster* Frikartii-Hybriden ist bereits zu Beginn des 20. Jahrhunderts bei der Schweizer Gärtnerei Frikart in Stäfa entstanden. Die europäische *Aster amellus* und die asiatische *Aster thomsonii*, die in Wäldern des Himalaya wächst, sind ihre Eltern. Die zu empfehlenden Sorten 'Mönch', 'Jungfrau' und 'Wunder von Stäfa' unterscheiden sich lediglich in Blütengrößen

Die größere Ausgabe der Berg-Astern (*Aster amellus*): *Aster* × *frikartii*, hier die Sorte 'Wunder von Stäfa'.

Bei freiem Stand entwickelt *Aster pyreaeus* 'Lutetia' kugelförmige Büsche mit blassblauen Sternen.

Für den Schatten geeignet ist die robuste *Aster divaricatus*.

und Blautönungen und sind doch alle hervorragende Blauträger in Rabatten, denn ihre Blütezeit hält aufgrund der gut verzweigten, rund 80 cm hohen Blütenstände etliche Sommerwochen an. Den kompakten, horstartigen Habitus hat *Aster* × *frikartii* von *Aster amellus* geerbt. Deren nahe Verwandte *Aster pyrenaeus* mit ihrer Sorte 'Lutetia' soll hier noch unbedingt empfohlen werden, auch wenn ihre üppigen, hochsommerlichen Blütenkuppeln nicht rein blau erblühen, sondern einen feinen, hellen Lilaton aufweisen. Wie auch die anderen Berg-Astern mag sie am liebsten in lockerer Zusammenstellung mit anderen Trockenheit und Wärme verträglichen Arten auf kalkhaltigen, nicht zu nährstoffreichem Grund stehen.

Ungezügelter in ihrer Ausbreitung zeigen sich die weiß blühenden, schattenvertragenden Arten *Aster divaricatus*, *Aster macrophyllus* und *Aster schreberi*, die alle dichte Bodendecken bilden können. Ein Kind von *Aster macrophyllus* ist die Hybride 'Twilight'. Dieser Sortenname kann durchaus unterschiedlich interpretiert werden, denn auch ihre Blüte ist nicht von eindeutig strahlendem Blau, sondern erscheint in einem Lavendelblauton. Mit 'Twilight' steht erstmals eine blaue Aster für halbschattige, eben »zwielichtige« Gartenplätze und Höfe zur Auswahl, deren Blüten selbst dort in großer Zahl und über viele Wochen erblühen.

Auch *Aster laevis* bedarf nicht unbedingt eines vollsonnigen Standortes, macht aber an besonnten Standorten immer eine bessere Figur. Der Habitus dieser Art fällt durchaus unterschiedlich aus, was derjenige schnell feststellen wird, der eine Aussaat nicht zu verhindern sucht und später vielfältigen Nachwuchs verbuchen kann. So ist es erstaunlich, dass es nur wenige, mit Sor-

Zahlreiche kleine, blassblaue Blüten zieren *Aster ericoides* 'Schneetanne'.

tennamen versehene Auslesen gibt. Keine neue, aber eine immer noch recht wenig verbreitete Sorte heißt 'Calliope', welche bereits in den 20er Jahren des letzten Jahrhunderts in Wisley, England, entstanden ist. Bemerkenswert ist ihr Wuchs, denn sie bildet Dank ihrer kurzen Wurzelausläufer größere, lockere Bestände. Ihre Triebe sind fast schwarz und mit dunkelgrünen, purpurn angelaufenen Blättern besetzt, was diese Wildstaude sehr edel wirken lässt. Die ersten Blüten erscheinen zunächst nur vereinzelt an den Triebenden, doch mit den Herbstwochen nimmt das Lavendelblau zu und zahlreiche Insekten finden Anlass für letzte, herbstliche Schwärmereien. Wunderbar passt diese Aster auch zu Dahlien in leuchtenden Farben, da sie farblich kontrastieren, aber ebenfalls runde Blütenköpfe, wenn auch von viel größeren Dimensionen, ausbilden.

Auch die *Aster cordifolius*, *Aster ericoides* sowie *Aster pringlei* und ihre Sorten haben ihren Blühauftritt erst im Herbst. Alle zeigen eher kleine, selten rein blaue Blüten, diese aber in so großer Zahl, sodass sie wunderschöne Ergänzungen zu den großblütigen Glatt- und Raublatt-Astern ergeben. Speziell die immer vitale *Aster cordifolius* vermag mit ihrer altbewährten Sorte 'Ideal' sehr spät im Oktober noch mit erfrischend blauen Flor zu überraschen, der sich dann oftmals im Novembernebel noch mit spektakulären Herbstfarben zahlreicher Gehölze vereinigen kann.

'Blue Star' lautet der Sortenname der Schönaster – *Kalimeris incisa* mit botanischem Namen. Ihr Blau ist eher ein bläuliches Weiß, aber für scheinbar unendliche Sommerwochen zu haben. Daneben verfügt diese, kniehohe Pflanze über sehr gute, bodendeckende Eigenschaften, was sie doppelt gartenwürdig macht, auch ohne eine echte Aster zu sein.

Bleibt zum Schluss noch der Hinweis auf die Feinstrahl-Astern. Botanisch zur Gattung *Erigeron* zählend, werden die zahlreichen Hybriden vom Laien doch immer als Astern wahrgenommen. Ihr besonderer Wert liegt neben der Tatsache, dass sie über einige besonders schöne blaue und violettblaue Sorten verfügt, vor allem in der frühen Blütezeit. So lässt sich mit den blauen *Erigeron*-Sorten wie 'Adria', 'Dominator' (Bornimer Staudenkulturen), 'Dunkelste Aller' (Foerster 1932) und der weißen Sorte 'Sommerneuschnee' (Foerster 1932) bereits im Juni auf sonnigem Standort die »Sternen«-Parade auf üppige Weise einleiten.

Oben: *Erigeron*-Hybride 'Dominator', eine dunkle Sorte der Bornimer Staudenkulturen.

Unten: Von Foerster 1932 gezüchtet und immer noch aktuell: *Erigeron*-Hybride 'Dunkelste Aller'.

Zu den blauen *Erigeron*-Sorten lässt sich wunderbar die weiße Sorte 'Sommerneuschnee' kombinieren.

Der Blaue Schatz der Gärten – Entstehung und Hintergrund

Norbert Kühn

Zur Entstehungsgeschichte des Buches

Als Karl Foerster (1874–1970) 1941 den gerade neu erschienenen »Blauen Schatz der Gärten« in Händen hielt, war ihm wohl noch nicht bewusst, dass er einen Klassiker der deutschen Gartenliteratur erschaffen hatte. Zu diesem Zeitpunkt war Karl Foerster bereits 66 Jahre alt. Er hatte 1907 seine erste Gärtnerei gegründet und war 1910 nach Bornim bei Potsdam umgezogen, wo er größere Produktionsflächen zur Verfügung hatte und auch Wohnhaus und Garten bauen konnte. 1913 kam sein erstes Buch heraus, »*Winterharte Blütenstauden und Sträucher der Neuzeit*«, auf das in rascher Folge bis 1940 15 weitere folgten. Seine Publikationen, Vorträge und natürlich seine Pflanzen hatten ihn in Fachkreisen wie auch bei garteninteressierten Laien überaus bekannt gemacht. Zusammen mit seiner Frau Eva pflegte er engen Kontakt zu vielen, meist künstlerisch tätigen Freunden – Gartenarchitekten, Architekten, Schriftstellern, Musikern –, die heute als Bornimer Kreis bezeichnet werden. Über die »Abteilung für Gartengestaltung GmbH« seiner Gärtnerei und der Arbeitsgemeinschaft Foerster-Mattern-Hammerbacher, nahm er Einfluss auf die Gartenkunst seiner Zeit.

1941, als das Buch zum ersten Mal erschien, schrieb Karl Wagner in der Gartenschönheit: »*Untrennbar verbunden mit dem Namen Karl Foerster ist die blaue Farbe der Rittersporne. Eine Lebensarbeit liegt hier verankert, die in Wort und Bild immer wieder für die Schönheit dieser Staude wirbt. Mit welchem Erfolg bewiesen die unzähligen Rittersporne, die in deutschen und ausländischen Gärten blühen. Denn, wenn es einem Menschen gegeben ist, »zur Schönheit hin zu überreden«, dann ist es Karl Foerster gegeben. Aber er hat seine Liebe zur blauen Farbe nicht auf die Rittersporne beschränkt, sondern die vielen anderen Pflanzen hineingezogen in seinen Bereich, hier in das bei Philipp Reclam jun. Leipzig erschienene Buch, das mit vielen schwarzweißen und vor allem sehr guten farbigen Bildern der glücklichste Werber für das »Blau im Garten« ist. Geschaffen sind die Bilder von Esther Bartning, der seit langen Jahren Karl Foerster verbündeten Malerin*« (1941: S. 77).

Welch eine Zeit für dieses stimmungsvolle Gartenbuch! Sein unschuldiger Duktus, dieser Nachklang der romantischen Welt, passte sicher nicht in ein Deutschland, in dem Helden und nicht liebevolle Gärtner angesagt waren.

Das nationalsozialistische Regime war 1941 auf dem Höhepunkt seiner Macht und überzog Europa mit Krieg. In dieser Zeit des Terrors, der im privatesten kleinen Winkel spürbar gewesen sein musste, schrieb Karl Foerster über die »*Kommende Freundschaft der Gartenmenschen mit der neuen Sphäre der Gartenfarben, dem blauen Flor der Monate von Vorfrühling bis Herbst*« (so der Untertitel der Ausgabe 1941). Wir, die wir um die Unmenschlichkeit dieser Zeit wissen und auch den weiteren Lauf der Geschichte kennen, staunen über Foersters ausgeprägte Fähigkeit, der Wirklichkeit zu entfliehen. Dass er sich durchaus bewusst gewesen sein mag, es könnte ein unpassender Zeitpunkt für das Erscheinen dieses Buches sein, lässt sich aus dem Vorwort von 1941 erahnen. »*Dies blaue Gartenbuch war in seinen Entstehungszeiten von Wettern und Abgründen umdroht, wie manche Alpenblume selbst. Seltsam schwer, die Erschaffung des von Bildern strahlenden Buches mit seinen ergriffenen Berichten aus hohen Welten, die sich allen öffnen wollen, den Finsterkeiten und Stürmen abzuringen.*«. In anderem Kontext beschreibt er diese Zeit mit den Worten »*Schicksalsstürme schwerster Art*« oder »*Sonnenfinsterniszeiten*« (Foerster 1943). Noch 1941, im »Blauen Schatz der Gärten«, äußerte er die Hoffnung, dass vielleicht die gärtnerische Idee und damit auch seine Bemühungen zu einer »*besseren*« Welt beitragen könnten: »*Langsam steigt nun in der abendländischen Welt die Ahnung auf, dass die voll erwachende Garten- und Pflanzenleidenschaft unvergleichliche Stillungs- und Vorbeugungsmittel für die Fieberanfälle der rastlosen europäischen Menschenwelt zu vergeben habe …*«. Diese Hoffnung trog. Zu diesem Zeitpunkt standen der Welt die schlimmsten Auswirkungen der nationalsozialistischen Herrschaft noch bevor.

1941 konnte Karl Foerster noch nicht ahnen, dass ihm nach dem Zweiten Weltkrieg bis zu seinem Tod 1970 eine weitere, intensive Schaffensperiode vergönnt war. Den *Blauen Schatz der Gärten* hat er 1953 noch einmal zur Hand genommen und geringfügig überarbeitet. Es erhielt ein anderes Format und wirkte dadurch großzügiger und ansprechender. »*Kostbar möchte man diese Buchausstattung nennen – aber dann erscheint das Wort doch zu kalt-prächtig für die reizvoll überall eingestreuten Blumenzeichnungen von Kurt Schulze, für die 24 farbig-lebensvollen Tafeln, mit denen Esther Bartning den Text zugleich erläutert und schmückt, für die bezaubernde Buchgestalt insgesamt, die der Neumann-Verlag, Radebeul, diesem Werk mitgab, …*«. So schwärmt ein Redakteur der Zeitung »Neue Zeit« 1953 davon. Und er weiß zu berichten, dass es auf der Deutschen Buchkunst-Ausstellung als eines der 20 schönsten Bücher des Jahres ausgezeichnet wurde.

Erst recht traf das Werk natürlich bei Foersters Freunden und Weggefährten auf Bewunderung. So schreibt Wilhelm Schacht: »*Eines der sympathischsten Bücher des Bornimer Dichtergärtners, …, ist nun im neuen Gewand erschienen. … Welcher Bücher- und Blumenfreund könnte da achtlos vorübergehen, wenn es im Schaufenster liegt? … Blaue Blumen sind etwas Wunderbares und im Garten ungemein wichtig. Karl Foerster hat sich mit ihnen und ihrer Verwendung wie keiner jemals zuvor mit leidenschaftlicher Liebe und Hingabe beschäftigt. Er schüttet sein Herz und den Erfahrungsschatz seines reichen Gartenlebens freigiebig vor uns aus*« (1954). Und der »Morgen« nennt es 1954 in seiner Besprechung bereits »*Foersters berühmte Pflanzenmonographie*«. Auch etwas deutsch-deutsche Geschichte schwingt bei dieser Besprechung mit, wenn der Autor noch zu Bedenken gibt: »*Im Übrigen: sage niemand, dass nur wir hier im Westen Bücher gut zu drucken und auszustatten verstehen …*«. Diese zweite, von ihm selbst bearbeitete und daher autorisierte Auflage, bildet auch die Grundlage für das vorliegende Buch.

1989, als die DDR gerade noch bestand und mit ihrem 40sten auch ihren letzten Geburtstag feierte, hat es Foersters langjähriger Mitarbeiter Dr. Konrad Näser übernommen, das inzwischen fast 50 Jahre alte Werk auf den neuesten Stand zu bringen. *»Das Buch ist eine Hommage an Foerster, aber auch ein unbeschreiblicher Genuss für Natur- und Gartenfreunde«* – so steht es 1990 im »Neuen Deutschland«.

Karl Foerster war sicher der bekannteste unter allen Gärtnern in beiden, nun wiedervereinten Teilen Deutschlands. *»Als Karl Foerster im gesegneten Alter von sechsundneunzig Jahren zu Grabe getragen wird, ist seine Gestalt bereits ins Legendäre gewachsen. Die Zahl der Ehrungen in beiden Teilen Deutschlands und weit darüber hinaus ist unübersehbar«* (Hansen 1987: S. 13). Mitunter kann eine solche Verehrung auch eine Bürde sein – sowohl für den Menschen als auch für sein Werk. So geriet auch der *Blaue Schatz der Gärten* mit den Jahren zum wenig beachteten, aber hoch verehrten Klassiker im Regal der Gartenbücher.

Deshalb wurde, um es auch weiterhin als praxisnahen Gartenratgeber nutzen zu können, eine Überarbeitung zwingend notwendig. Man musste den Inhalt an die Ausweitung des heutigen Wissens, aber auch an die Neuerungen des Pflanzensortiments anpassen. Nichts anderes forderte auch Foerster selbst immer wieder – insofern liegt in der Veränderung und Weiterentwicklung wohl die höchste Werktreue, die man diesem Buch angedeihen lassen kann.

Texte heutiger, sachkundiger Autoren ergänzen daher das Buch. Die Foersterschen Texte jedoch wurden nicht angetastet, sondern nur mit Anmerkungen versehen. Denn die Möglichkeit, Foerster im Orginal zu lesen und sich mit seiner Gedankenwelt vor den geschichtlichen und geistesgeschichtlichen Hintergründen der Entstehungszeit auseinander zu setzen, sollte unangetastet bleiben. Auch hierdurch bereichert das Buch und wird zur spannenden Lektüre.

Die Faszination Karl Foerster

Sicher ist Deutschland – im Vergleich zum Vereinigten Königreich etwa – wahrlich nicht reich an unterhaltsamen Gartenschriftstellern. Was etwa Vita Sackville-West (1892–1962) mit Meisterschaft vorführt – profundes Wissen und eigene Erfahrungen im leichten Plauderton darzubieten, um dann ganz subversiv einige bissige Bemerkungen einzustreuen –, sucht man in deutscher Sprache meist vergebens. Immerhin gibt es gewisse Lichtblicke wie Alma de L'Aigle (1889–1959) und Jürgen Dahl (1929–2001), die ebenfalls mit Fachkenntnis und nicht ohne Humor zu plaudern vermochten. Sie sind inzwischen wieder in den Regalen der Buchhandlungen zu finden und die Lektüre ist auf jeden Fall lohnenswert.

Diese englische Idee von Gartenliteratur – ein frecher, ironischer Unterton und Abstand zu sich und zum beschriebenen Objekt – ist Karl Foersters Sache nicht. Foerster will, dass man seine Texte ernst nimmt, auch und gerade dann, wenn er in höchstem Verzücken von seinen Pflanzen und ihren zukünftigen Einsatzmöglichkeiten schwärmt. Man wird immer wieder davon überrascht, wie er dazu neue, bislang ungehörte sprachliche Ausdrucksformen (er)findet. Auch heute noch kann man sich, wenn man es denn zulässt, von so großer purer Begeisterung anstecken lassen. Foersters Anliegen war es, einen wissenschaftlichen und emotionalen Zugang zu den Pflanzen zu gewähren. So schrieb er bereits 1941 im *Blauen Schatz*: *»Verstand allein, Gefühl allein führt in Wüsten.«* Es ist ihm ein Anliegen, profundes Wissen zu den Pflanzen und ihren Verwendungsmöglichkeiten zu bieten, aber auch, seiner Freude über diese vielfältigen Farben, Formen und Möglichkeiten freien Lauf zu lassen. Dies ist das Charakteristische an seinen Texten. Und das ist es auch, was ihn heute noch so lesenswert macht und gleichzeitig seine Anhängerschaft sichert.

Eine Analyse der Faszination, die von Karl Foerster ausging und -geht, wäre unvollständig ohne die Einbeziehung seines persönlichen Charismas. Das Haus in Bornim war ein Treffpunkt für Intellektuelle und Künstler. Foerster führte eine umfangreiche Korrespondenz mit Fachkollegen und Freunden. Aber auch bei Gärtnern und Angestellten musste er einen so tiefen Eindruck hinterlassen haben, dass er von vielen, die ihn als Lehrling kennen lernten, heute noch rückhaltlos verehrt wird.

Diese Begeisterung, mit der er Menschen in seiner Umgebung ganz offensichtlich zu verzaubern verstand, spornte auch an, eigene Kreativität zu entfalten. »*Foersters Geist hat viele Menschen beflügelt, sich in neuer Weise mit dem Garten zu befassen*« (Hansen 1987: S. 11). Er tat sich mit jungen, vielversprechenden Gartenkünstlern zusammen. Mit Hermann Mattern (1902–1971) und später Herta Hammerbacher (1900–1985) bildete er eine Arbeitsgemeinschaft, die Gärten entwarf und darin die neu gezüchteten Sorten verwendet. Richard Hansen erinnert sich 1987 an diese Zeit: »*Karl Foerster und die Bornimer Atmosphäre haben nicht nur uns junge Gärtner, sondern auch Künstler und Gelehrte, Musiker, Dichter, Maler, Bildhauer, Architekten und natürlich auch viel Jugend angezogen. Viele unter ihnen waren seinem Hause eng verbunden. Der Bornimer Geist, aber auch Foersters Güte und Freundlichkeit, verbunden mit seiner unbeschreiblichen Heiterkeit, übten eine starke Faszination aus. Es war eine große Gartenzeit. Die Träume vom Blütengarten der Zukunft schienen sich zu verwirklichen, zumal viel Menschen hofften, in unseliger Zeit ihren Frieden im Garten zu finden*« (S. 13).

Es ist noch heute überraschend – und mag in politisch düsteren Zeiten auch tröstend gewesen sein –, dass ihn sein Glaube an eine bessere Zukunft nie verließ. Es ging ihm dabei nicht nur um den Fortschritt in Züchtungsfragen. Es war das Gute und Schöne an sich, an das er glaubte. Karl Foerster war sich sicher, dass sich die Vernunft auf eine zutiefst humanistische Weise ihre Bahn brechen würde. In der Naturnähe zeigt sich seiner Meinung nach Himmelsnähe. Deshalb ging er auch davon aus, dass die Natur, der Garten und die Pflanzen heilende Kräfte bereithalten, um die Zivilisation wieder mit sich selbst zu versöhnen. »*Auch die menschenverbindende, alle Gegensätze und Abstände geheimnisvoll versöhnende Kraft der Gartenfreuden wird immer tiefer und bewusster erlebt: groß und klein, alt und jung, Völker diesseits und jenseits der Grenze finden sich durch diese friedvoll-festlichen Lebensströme einander auf neue Weise genähert*« (1943) (siehe auch Dümpelmann 2001).

Diese tiefe Zuversicht war ihm durch die Eltern mitgegeben worden. Sein Vater, ein angesehener Naturwissenschaftler, Leiter der Berliner Sternwarte und Rektor der Friedrich-Wilhelms-Universität, beriet noch Alexander von Humboldt bei der Herausgabe des *Kosmos*. Man verehrte die deutsche Kultur der Klassik und frühen Romantik, als in Deutschland Musik, Literatur und Wissenschaft scheinbar zu einer humanistischen Einheit verschmolzen. Die Ideale des Bildungsbürgertums bekam auch Karl Foerster noch im ausgehenden 19. Jahrhundert vermittelt. Diese vergangene Welt wurde zu seiner künstlerischen Heimat. Trotz der vielfältigen geistigen und gesellschaftlichen Umwälzungen hat er Zeit seines Lebens daran festgehalten. Daher zitierte er Goethe immer wieder in seinen Werken und trug sich sogar mit dem Gedanken, eine Biographie über ihn zu schreiben. Auch auf die Musik nahm er sehr oft Bezug. Die Zusammenstellung der Pflanzenfarben verglich er nicht selten mit Kompositionen Ludwig van Beethovens.

Foersters Blaue Blumen

Die *Blaue Blume* ist keine Erfindung Foersters. Sie wird durch die Dichter der deutschen Romantik zum poetischen Symbol. Die *Blaue Blume* gilt als Sinnbild der Sehnsucht und Suche nach dem inneren Glück.

Novalis, mit bürgerlichem Namen Friedrich von Hardenberg (1772–1801), entwickelte dieses Symbol in seinem unvollendeten Roman Heinrich von Ofterdingen von 1800. »*Der Jüngling lag unruhig auf seinem Lager, und gedachte des Fremden und seiner Erzählungen. Nicht die Schätze sind es, die ein so unaussprechliches Verlangen in mir geweckt haben, sagte er zu sich selbst; fern ab liegt mir alle Habsucht: aber die blaue Blume sehn' ich mich zu erblicken*«. Er schildert, wie dem Helden im Traum die Blaue Blume begegnet: »*Was ihn aber mit voller Macht anzog, war eine hohe lichtblaue Blume, die zunächst an der Quelle stand, und ihn mit ihren breiten, glänzenden Blättern berührte. Rund um sie her standen unzählige Blumen von allen Farben, und der köstlichste Geruch erfüllte die Luft. Er sah nichts als die blaue Blume, und betrachtete sie lange mit unnennbarer Zärtlichkeit.*« Der Held wird aus seinem Schlaf unsanft geweckt. Er begreift die Blaue Blume als romantisches Sinnbild der idealen, irdisch-himmlischen Geliebten, auf deren Suche er sich im Roman begibt, und in der die Grenzen und Widersprüche der Wirklichkeit aufgehoben sind.

Kürzer noch bringt es Joseph von Eichendorff (1788–1857) in seinem Gedicht *Die blaue Blume* auf den Punkt:

Ich suche die blaue Blume,
Ich suche und finde sie nie,
Mir träumt, daß in der Blume
Mein gutes Glück mir blüh.

Ich wandre mit meiner Harfe
Durch Länder, Städt und Au'n,
Ob nirgends in der Runde
Die blaue Blume zu schaun.

Ich wandre schon seit lange,
Hab lang gehofft, vertraut,
Doch ach, noch nirgends hab ich
Die blaue Blum geschaut.

Auch andere Dichter der Romantik, wie Ludwig Tieck und Adalbert von Chamisso begaben sich auf die poetische Suche nach der Blauen Blume. Immer wieder versuchte man, die Blaue Blume mit einer konkreten Pflanze, z. B. mit der Kornblume, zu identifizieren. Diese Versuche sind aber wenig sinnvoll und gehen am dichterischen Gehalt dieses Symbols vorbei.

In der Zeit der Neuromantiker – fast 100 Jahre später – nahm man diese romantischen Vorstellungen wieder auf. So wählte sich die Wandervogelbewegung des frühen 20. Jahrhunderts die Suche nach der Blaue Blume zu ihrem Motiv.

Auch Georg Trakl (1887–1914) erinnerte sich 1912 in seinem Gedicht *An Novalis* nochmals dieses Symbols, diesmal allerdings mit einer bitteren Färbung.

In dunkler Erde ruht der heilige Fremdling.
Es nahm von sanftem Munde ihm die Klage der Gott,
Da er in seiner Blüte hinsank.
Eine blaue Blume
Fortlebt sein Lied im nächtlichen Haus der Schmerzen.

Foerster kannte und schätzte die romantische Geisteswelt. Entsprechend war er auch mit den Symbolen dieser Epoche vertraut. Er selbst war in einer humanistischen Umgebung erzogen worden, die die Ideale der Klassik mit denen der Romantik zu verschmelzen versuchte. Im Vorwort zu der »Blaue Schatz der Gärten« von 1941 nannte er diese Vorstellung »*Zielromantik*« oder »*angewandte Romantik*«: »*Sie bedeutet ein auf neuer geistiger Ebene abgegebenes Bekenntnis zur Untrennbarkeit von Ratio und Irratio, von Kopf und Herz in wichtigen Zielsetzungen der Menschen und ihrer Gemeinschaften auf allen Lebensgebieten …*« Seine Form der Romantik äußerste sich in einer bedingungslosen Naturverehrung, die fast religiöse – pantheistische – Züge annahm. »*Jene angewandte Romantik ruht auf einem weltlich-religiösen Lebens- und Glücksgefühl und birgt geheime Kompassweisungen, die aus der naturverbundenen Verantwortung vor den ungeheuren Zeiträumen der Zukunft kommen. Sie ist mehr ein Tat- als eine Gefühls-Prinzip*«.

Eine besonders innige Verehrung empfand er für die romantischen Maler, wie Carl Rottmann, Anselm Feuerbach, Moritz von Schwind und besonders für den Schweizer Maler Arnold Böcklin (1827–1901). Bei ihm fühlte er seine Vorstellungen wohl künstlerisch am treffendsten umgesetzt. 1899 sah er in der Münchner Pinakothek den *Pan im Schilf* und in der Schack-Galerie die *Villa am Meer*, die ihn nachhaltig begeisterten. Deshalb ist es nicht verwunderlich, dass er besonders diesen Maler erwähnte, als er sein blaues Pflanzenbuch schrieb: »*Böcklin, Pionier der blauen Farbe, nahm deren Töne in den Dienst überweltlicher Darstellungsgeheimnisse. Das reicht vom Blau der Himmels- und Wasserspiegelung bis in die Gewänder beschaulicher Gestalten – so ins dunkelblaue Gewand einer im Mauer- und Zypressenschatten vorüberschreitenden Frauengestalt, die mit leise seitlich geneigtem Haupt aus Schattendunkel auf helle Blumenwiesen hinausblickt, wobei gerade das, was sie jenem Bild bedeutet, durch keine andere Farbe, kein anderes Blau ausgedrückt werden konnte. Daß doch Farbe eines Gewandes, ja Schmuckstückes zum Stichwort tieferer Deutung einer Menschenerscheinung werden kann!*« (Foerster 1941: S. 7). Die tiefe Bewunderung für diesen Maler brachte er dadurch zum Ausdruck, dass er die erste Ritterspornsorte, einen *Belladonna*-Typ, den er noch in der Gärtnerei im Westend züchtete, nach Arnold Böcklin benannte.

Blau war für Foerster – gerade wegen seiner metaphysischen Symbolik – die wichtigste aller Farben. Es pries es in den höchsten Tönen. »*Azurblau ist die Kaiserin der Farben, – Farbe der ewigen Hoffnung, des Schrankenlosen Ja, – alle anderen Farben hängen an ihrem Wort. Dieses Blau ist wie ein heiterer Weiser, welcher dem Streit der Nachbarschaft Frieden gebietet. In den Garten dringt mit ihm die wahre Märchenbuntheit*« (Foerster 1950: S. 168). Oder: »*Die blaue Blumenfarbe ist und bleibt die größte Verzauberin des Gartens und die größte Versöhnerin anderen Blumenfarbenstreits. Sie scheint uns im Garten und gleicherweise in den großen Naturwildnissen eine Fremdlingin, ein vom Himmel gefallenes Juwel*« (Foerster 1968: S. 105).

Ganz nach seiner Devise, Gefühl und Verstand zu verbinden, versuchte er diese blaue Blume gärtnerisch auch konkret werden zu lassen. *»Die »Blaue Blume der Romantik« wird dabei in fortschreitendem Maße auf feste, praktische Grundlage gestellt, was auch der Romantik zugute kommt. Das heißt also: die blauen Blumengewächse werden zu wachsender Gartendienstbereitschaft jeder Art erzogen«* (Foerster 1941: S. 8). Dabei ging er weit über das Gärtnerische hinaus – er wollte nicht nur perfekte Blautöne züchten, er wollte sie auch exakt abbilden und beschreiben können. Deshalb hat er sich zeit seines Lebens für die wissenschaftlichen Grundlagen, für Photographie, Farbenlehre und Farbenkodierung interessiert.

Er war zu dieser Zeit nicht der einzige, der der Farbe eine hohe Bedeutung zuwies. Die besondere Betonung der Farbe findet sich bei vielen zeitgenössischen Gartenkünstlern. Angefangen bei Joseph Maria Olbrich (1867–1908), der auf der Gartenschau in Darmstadt 1905 die ersten Farbgärten des Reformgartenstil entwickelte, bis zu Gustav Allinger (1891–1974), der 1926 in Dresden geradezu expressionistisch in Farben schwelgte. Dieser massive, plakative Einsatz von Farben innerhalb eines architektonischen Gartenraums war konzeptionell etwas ganz Neues. Allerdings wurde die konkrete pflanzliche Umsetzung (vor allem der frühen Beispiele) allgemein bemängelt. Deshalb gab es nicht nur Bestrebungen neue Pflanzen zu züchten, sondern auch, um damit planen zu können, ihre Blütenfarben exakt bestimmen zu können. Die Grundlage hierfür setze der deutsche Nobelpreisträger Wilhelm Ostwald (1853–1932), der sich ab 1905 ganz der Farblehre verschrieben hatte. Foerster hatte ihn durch seinen Vater kennen gelernt. Und er unterstützte die Bestrebungen, bei allen Kulturpflanzen Farbmessungen nach dem Ostwaldschen Prinzip durchzuführen. Zu einem Abschluss dieses ehrgeizigen Projekts kam es jedoch leider nicht (Dümpelmann 2001: S. 47ff).

Kein Wunder also, dass sich Foerster in seiner Züchtungsarbeit gerade dem Rittersporn mit aller Macht zuwandte. *»Der Rittersporn ist bestimmt, den Königsthron der blauen Farbe im Garten einzunehmen«* (Foerster 1968: S. 105). Er hat versucht, alle wertvollen Nuancen des Blaus aus dieser Pflanze herauszuholen. Jürgen Dahl urteilt über diese Erfolgsgeschichte: *»Gibt es ein »schönstes« Blau im Garten? Vielleicht: die Züchtungen des Rittersporns (Delphinium) von Karl Foerster, 'Finsteraarhorn' zum Beispiel und der 'Sommernachtstraum', beide tiefenzianblau«* (Dahl 2002: S. 79). Die phantasievollen und zugleich poetischen Namen, die Foerster ihnen gab, sind bis heute ein Markenzeichen seiner Züchtungen. Schon Richard Hansen stellte fest: »*In den unvergleichlichen Namen seiner Züchtungen schimmert bereits ihr Charakter; erwähnt seien nur seine Ritterspornzüchtungen Azurriese, Kirchenfenster, Berghimmel, Fernzünder, Jubelruf, Morgenstrahl, Purpurritter …«* (1987: S. 12). Spätestens hier wird klar: Karl Foerster nur als Gärtner zu sehen, der Pflanzen züchtete und verkaufte, greift zu kurz. Die Züchtungen waren Ausdruck seines geistigen Kosmos. Sie bilden sein eigentliches, künstlerisches Vermächtnis.

Erklärung der Zeichen und Abkürzungen

Die Stichworte der Pflanzenbeschreibungen haben folgende Reihenfolge

1. Botanischer Name
2. Deutscher Name
3. Heimat und Wildvorkommen
4. Höhe
5. Blütezeit
6. Besondere Gartenwünsche, Schmuckkräfte und Verwendungsmöglichkeiten der Pflanze

Es bedeutet …

○ = für sonnigen Stand
⊖ = sonnigen Stand in feuchter Lage liebend oder vertragend
◎ = Halbschatten liebend oder vertragend
◍ = Schatten liebend oder vertragend
△ = für Steingärten geeignet
f = in Fugen und Steinritzen zu pflanzen
⊔ = an Ufern und Bassinrändern sowie an Bachläufen zu schönster Wirkung gelangend
✧ = für Naturgartenpartien passend
|| = für Einfassung geeignet
✂ = schön für Vasenschnitt
< = Duftpflanze
❦ = Laubschmuckpflanze
⧺ = immergrüne Pflanze
P. = Polsterpflanze
❖ = Rabatten- oder Beetpflanze
± = für Einzelstellung geeignet
♉ = Insekten-Lockpflanze
rem. = remontierend

Höhenangaben

gn. = ganz niedrig
sph. = spannhoch
fssh. = fußhoch
knh. = kniehoch
tschh. = tischhoch
brsth. = brusthoch
mannsh. = mannshoch
übermannsh. = übermannshoch

Die Ziffer

bezeichnet den Blühmonat,
v = Mai, vi = Juni, usw.

Literaturverzeichnis

Dahl, J., 2002: Der neugierige Gärtner. 2. Aufl. 2004; Manuskriptum Verlagsbuchhandlung, Waltrop und Leipzig.

Darke, R., 2000: The Color Encyclopedia of Ornamental Grasses. Portland, Oregon: Timber Press.

Dümpelmann, S., 2001: Karl Foerster: Vom großen Welt- und Gartenspiel. Begleitpublikation zur Ausstellung.

Foerster, K., 1912: Katalog der Gärtnerei. Unveröffentlicht.

Foerster, K., 1922: Vom Blütengarten der Zukunft. Furche Verlag, Berlin.

Foerster, K., 1934: Garten als Zauberschlüssel. Rowohlt, Berlin.

Foerster, K., 1935: Bornimer Wegweiser. AG f. Druck u. Verlag, Kassel.

Foerster, K., 1936: Der neue Rittersporn. Verlag der Gartenschönheit, Berlin.

Foerster, K., 1941: Blauer Schatz der Gärten. 1. Aufl. Verlag Philipp Reclam jun., Leipzig.

Foerster, K., 1942: Vom Blütengarten der Zukunft. Verlag Specht, Starnberg.

Foerster, K., 1943: Garten als Lebenshelfer. Gartenbau im Reich.

Foerster, K., 1946: Meine Lebensarbeit 1907–1946.

Foerster, K., 1950: Vom großen Welt- und Gartenspiel. Verlag Schwinn & Helène, Darmstadt.

Foerster, K., 1952: Neuer Glanz des Gartenjahres. Neumann Verlag, Radebeul.

Foerster, K., 1953: Blauer Schatz der Gärten. 2. Aufl. Neumann Verlag, Radebeul.

Foerster, K., 1953: Reise doch, bleibe doch. Verlag Keppler & Scherer, Frankfurt.

Foerster, K., 1946: Meine Lebensarbeit 1907–1946. Unveröffentlicht.

Foerster, K., 1968: Es wird durchgeblüht. Thema mit Variationen. Union Verlag, Berlin.

Hansen, R., 1987: Blütengärten der Zukunft. Pflanzen und Pflanzengefährten. Du Mont, Köln.

Kreuter, M.-L., 1978: Karl Foerster Staudenzüchtungen. Berlin: Karl-Foerster-Stiftung.

Müller, W., 2003: Gärtnern als kulturelle Tätigkeit. Leben und Werk des Staudengärtners Ernst Pagels. Diplomarbeit an der Universität Hannover. Unveröffentlicht.

Köhlein, F., 1993: Hosta (Funkien). Verlag Eugen Ulmer, Stuttgart.

Krausch, H.-D., 2003: »Kaiserkron und Päonien rot …«. Entdeckung und Einführung unserer Gartenblumen. Dölling und Galitz Verlag, München.

Schacht, W., 1954: Blauer Schatz der Gärten. Süddeutscher Erwerbsgärtner, 6. Feb. 1954.

Simon, H., (Hrsg.) 2003: Die Freilandschmuckstauden. Band 1 und 2. 5. Aufl. Verlag Eugen Ulmer, Stuttgart.

Silva Tarouca, E. Graf, Schneider, C., 1934: Unsere Freilandschmuckstauden. 5. Aufl. Hölder-Pichler-Temsky AG, Wien.

Wagner, K., Blauer Schatz der Gärten. Gartenschönheit 1941.

Zander, 2002: Handwörterbuch der Pflanzennamen. 17. Aufl. Verlag Eugen Ulmer, Stuttgart.

Botanische Namen sind notwendige wissenschaftliche Konventionen. Leider müssen auch sie den Fortschritten in der Systematik angepasst werden. Hier finden Sie eine Liste alter, noch bei Foerster 1953 gebräuchlicher Namen und ihrer neuen Entsprechungen, wie sie im Text verwendet wurden. Wenn nicht anders angegeben, orientiert sich diese Liste der Synonyme nach Zander, 17. Auflage, Verlag Eugen Ulmer 2002.

Synonym	**Gültiger Pflanzenname**	**Bemerkung**
Achillea kellereri	*Achillea × kellereri*	
Agapanthus umbellatus	*Agapanthus africanus*	Lt. ZANDER 2002 gibt es zwei Arten, die als *A. umbellatus* bezeichnet wurden: der immergrüne *A. praecox* und der sommergrüne *A. africanus*; *A. praecox* war wohl die zu Foersters Zeiten verbreitete Art; nach SIMON (2003) handelt es sich bei *A. umbellatus* dagegen um *A. praecox* subsp. *praecox*
Alyssum saxatile	*Aurinia saxatilis*	
Anchusa italica	*Anchusa azurea*	
Anchusa myosotidiflora	*Brunnera macrophylla*	
Anemone blanda atrocoerulea	*Anemone blanda* 'Ingramii'	SIMON 2003
Anemone hepatica	*Hepatica nobilis*	
Anemone japonica	*Anemone hupehensis*	
Aquilegia glandulosa 'Bicolor'	*Aquilegia glandulosa* var. *jucunda*	Eine entsprechende Sorte wird heute nirgends mehr aufgeführt; SILVA-TAROUCA & SCHNEIDER 1934 erwähnen, dass die Varietät *jucunda* von *Aquilegia glandulosa* zweifarbig sei; sie könnte der von Foerster aufgeführte Typ sein
Avena glauca	*Helictotrichon sempervirens*	
Bambusa nitida	*Sinarundinaria nitida*	
Campanula carpathica	*Campanula carpatica*	
Campanula carpathica pallida	*Campanula carpathica* var. *turbinata* 'Pallida'	Nur für diese Varietät wird bei SIMON (2003) eine Pallida-Form angegeben
Chrysanthemum indicum	*Chrysanthemum × grandiflorum*	Zwischenzeitlich hieß diese Art auch *Dendranthema indicum*
Clematis jackmannii	*Clematis × jackmannii*	
Clematis jackmannii superba	Clematis × jackmannii 'Superba'	
Clematis odorata semperflorens	*Clematis heracleifolia* var. *davidiana*	
Commelina	*Commelina* tuberosa 'Coelestis'-Gruppe	
Corydalis transsylvanica rubra	*Corydalis solida* 'Rubra'	
Delphinium cultorum	*Delphinium*-Hybriden	
Delphinium formosum	*Delphinium huetianum*	
Delphinium sinense	*Delphinium tatsienense*	
Dianthus caesius hybridus	*Dianthus gratianopolitanus*	

Synonym	Gültiger Pflanzenname	Bemerkung
Elymus glaucus	*Leymus arenarius* 'Glaucus'	DARKE 2000; zwischenzeitlich auch *Elymus arenarius*
Elymus glaucus giganteus	*Leymus racemosus* 'Glaucus'	DARKE 2000; zwischenzeitlich auch *Elymus giganteus*
Felizia	*Felicia*	
Festuca glauca	*Festuca cinerea*	SIMON 2003
Festuca glaucescens		Heutiger Name nicht ermittelbar
Festuca glaucovirens		Heutiger Name nicht ermittelbar
Gentiana acaulis clusii	*Gentiana clusii*	
Gentiana septemfida cordifolia,	*G. septemfida* var. *cordifolia*	SIMON 2003
Gentiana septemfida freyniana	*Gentiana freyniana*	
Gentiana septemfida lagodechiana	*Gentiana septemfida* var. *lagodechiana*	
Gentiana verna aestiva	*Gentiana angulosa*	SIMON 2003
Gentiana·phlogifolia	*G. cruciata var. phlogifolia*	
Glycine chinensis	*Wisteria sinensis*	
Hemerocallis aurantiaca maior	*Hemerocallis aurantiaca* 'Major'	
Hyacinthus orientalis Dr. Lieber	*Hyacinthus orientalis* 'Doctor Lieber'	SIMON 2003
Hydrangea cinerea	*Hydrangea arborescens* subsp. *discolor*	
Hydrangea hortensis cinerascens	*Hydrangea arborescens*	In der Literatur nicht nachzuweisen; möglicherweise eine Verwechslung von Foerster (*cinerascens* statt *arborescens*)
Hydrangea paniculata grandiflora	*Hydrangea paniculata* 'Grandiflora'	
Hydrangia hortensis	*Hydrangea macrophylla*	
Ipomoea coerulea praecox	*Ipomoea tricolor* 'Heavenly Blue'	Nomenklatur nicht eindeutig; mit hoher Wahrscheinlichkeit ist die unter dem Namen *Ipomoea tricolor* 'Heavenly Blue' verbreitete Pflanze gemeint
Ipomoea imperialis	*Ipomoea purpurea*	Nomenklatur nicht eindeutig; mit hoher Wahrscheinlichkeit ist die unter dem Namen *Ipomoea purpurea* verbreitete Pflanze gemeint
Iris anglica	*Iris latifolia*	
Iris barbata	*Iris germanica*	Im Text wurde die alte und unter Iriszüchtern verbreitete Bezeichnung *Iris barbata* (Bartiris) belassen, da der lt. ZANDER 2002 korrekte Name *Iris germanica* irreführend ist; bei dieser Iris handelt es sich um eine sehr alte Hybridgruppe aus verschiedener Iris-Wildformen, die sicher nicht ihr Ursprungsgebiet in Deutschland hat
Iris hollandica	*Iris × hollandica*	
Iris kaempfferi	*Iris ensata*	
Iris orientalis	*Iris sanguinea*	SIMON 2003

Synonym	Gültiger Pflanzenname	Bemerkung
Iris persica heldreichii	*Iris stenophylla*	Die abgebildete Iris ist nicht mit *I. persica* identisch (*I. persica* ist nicht blau); *I. heldreichii* ist ein Synonym für die Juno-Iris *I. stenophylla*, die eine blauviolette Farbe besitzt
Lilium tigrinum	*Lilium lancifolium*	
Linum narbonnense	*Linum narbonense*	
Lithospermum atrocoeruleum	*Lithospermum purpurocaeruleum*	Zwischenzeitlich auch *L. purpureo-caeruleum*, *Buglossoides purpureo-caeruleum* oder *B. purpurocaeruleum*
Luzula silvatica	*Luzula sylvatica*	
Meconopsis baileyi	*Meconopsis betonicifolia*	
Myosotis alpestris	*Myosotis sylvatica*	Zwischenzeitlich auch *Myosotis alpestris hort.*
Myosotis rupicola	*Myosotis alpestris*	Simon 2003
Oenothera missouriensis	*Oenothera macrocarpa*	
Pentastemon campanulatus	*Penstemon campanulatus*	
Plumbago capensis	*Plumbago auriculata*	
Polemonium richardsonii	*Polemonium × richardsonii*	
Primula acaulis	*Primula vulgaris*	
Prunus yedoensis	*Prunus × yedoensis*	
Pulmonaria azurea	*Pulmonaria angustifolia* 'Azurea'	Zander 2002; nach Simon 2003 handelt es sich um *P. australis* 'Azurea'; nach neuen Sichtungsergebnissen (2004) ist es *P. dacica* 'Azurea'
Rudbeckia purpurea	*Echinacea purpurea*	
Salvia azurea grandiflora	*Salvia azurea* var. *grandiflora*	
Salvia pratensis var. haematodes	*Salvia pratensis* subsp. *haematodes*	
Satureia montana	*Satureja montana*	
Scilla sibirica	*Scilla siberica*	
Scilla sibirica alba	*Scilla siberica* 'Alba'	
Scilla tubergeniana	*Scilla mischtschenkoana*	
Sedum ewersii homophyllum	*Sedum ewersii* var. *homophyllum*	
Sedum rupestre	*Sedum reflexum*	
Synthyris reniformis	*Synthyris stellata*	
Szilla hohenackeri	*Scilla hohenackeri*	
Tradescantia pilosa	*Tradescantia subaspera*	
Tradescantia virginiana	*Tradescantia × andersoniana*	
Tulipa wilsoniana	*Tulipa montana*	
Veronica spicata 'Romely Blue'	*Pseudolysimachion spicatum* 'Romeley Blue'	
Viola tricolor	*Viola × wittrockiana*	

Blütezeiten blauer Pflanzen

Der Blütezeitkalender wurde nach den 7 Jahreszeiten des Gartens aufgestellt, so wie sie Karl Foerster 1934 im *Garten als Zauberschlüssel* festlegte. In die Aufstellung wurden alle blau blühenden Pflanzen des Buches aufgenommen. Auch solche mit blauvioletten und bläulich grünen Tönen oder gestreiften bzw. gemusterten Blüten sind in der Liste enthalten. Bei Pflanzen mit unscheinbaren Blüten (Gräser) oder ganz ohne Blüten (Farne), deren Blätter eine bläuliche Färbung besitzen, wurden die Zeiten angegeben, zu denen die Blätter am wirkungsvollsten erscheinen.

Winter

Advent bis Fastnacht – Anfang Dezember bis Ende Februar

Zwiebelpflanzen

Crocus chrysanthus, *C. imperati*, *C. sieberi*, *C. tommasinianus*, *C. tommasinianus* 'Ruby Giant' (je nach Witterung auch erst später)

Blattschmuckstauden

Salvia lavandulifolia, *S. officinalis*, *S. officinalis* 'Purpurea', *S. tomentosa*

Vorfrühling

Fastnacht bis späte Ostern, Walpurgis – Ende Februar bis Ende April

Zwiebelpflanzen

Chionodoxa luciliae, *C. sardensis*

Crocus chrysanthus, *C. imperati*, *C. sieberi*, *C. tommasinianus*, *C. tommasinianus* 'Ruby Giant', *C. vernus*, *C. vernus* 'Remembrance'

Hyacinthus orientalis 'Doctor Lieber'

Iris reticulata, *I. reticulata* 'Cantab'

Muscari azureum, *M. botryoides*

Scilla bifolia, *S. hohenackeri*, *S. mischtschenkoana*, *S. siberica*, *S. siberica* 'Atrocaerulea'

Blütenstauden

Anemone blanda 'Ingramii', *A. nemorosa* 'Blue Bonnet'

Hepatica nobilis

Primula Vulgaris-Hybriden in blauen Farben

Pulmonaria 'Majeste', *P.* 'Opal', *P. angustifolia* 'Azurea' (Syn. *P. dacica* 'Azurea'), *P. dacica* 'Blaues Meer', *P. dacica* 'Blue Ensign', *P. officinalis*, *P. saccharata*

Synthyris stellata

Viola odorata 'Königin Charlotte', *V. odorata* 'Triumph'

Blattschmuckstauden

Salvia lavandulifolia, *S. officinalis*, *S. officinalis* 'Purpurea', *S. tomentosa*

Einjahresblumen

Myosotis sylvatica, *M. sylvatica* 'Bluesylva', *M. sylvatica* 'Blauer Korb', *M. sylvatica* 'Blaues Wunder'

Viola Cornuta-Hybriden, *Viola* × *wittrockiana*

Frühling

Walpurgis bis Rosenzeit, späte Himmelfahrt – Ende April bis Anfang Juni

Zwiebelpflanzen

Allium aflatuense 'Purple Sensation'

Camassia cussickii, *C. leichtlinii*, *C. quamash*

Hyacinthoides hispanica, *H. non-scripta*

Iris × *hollandica* in blauen Sorten

Tulipa 'Blue Champion', *T.* 'Blue Heron', *T.* 'Blue Parrot', *T.* 'Burgundy', *T.* 'Lilac Perfection', *T.* 'Maytime'

Blütenstauden

Ajuga reptans 'Atropurpurea', *A. reptans* 'Variegata'

Aquilegia alpina, *A. alpina* 'Superba', *A. glandulosa*, *A. glandulosa* var. *jucunda*

Brunnera macrophylla, *B. macrophylla* 'Hadspen Cream', *B. macrophylla* 'Jack Frost', *B. macrophylla* 'Langtrees'

Gentiana acaulis, *G. acaulis* hort., *G. angulosa*, *G. clusii*, *G. dinarica*, *G. verna*

Geranium himalayense 'Johnson's Blue', *G. pratense*, *G.* Pratense-Hybride 'Brookside', *G.* 'Orion', *G. sylvaticum*, *G. sylvaticum* 'Amy Doncaster', G. sylvaticum 'Mayflower'

Iris barbata 'Antarctique', *I. barbata* 'Batik', *I. barbata* 'Black Tie Affair', *I. barbata* 'Breakers', *I. barbata* 'Classic Look', *I. barbata* 'Dusky Challenger', *I. barbata* 'Fatum', *I. barbata*. 'Forsete', *I. barbata* 'Grecian Skies', *I. barbata* 'Hello Darkness', *I. barbata* 'Heure Bleue', *I. barbata* 'Mer Du Sud', *I. barbata* 'Midnight Express', *I. barbata* 'Morgendämmerung', *I. barbata* 'Pacific Panorama', *I. barbata* 'Proud Tradition', *I. barbata* 'Raindance', *I. barbata* 'Rheinfels', *I. barbata* 'Silverado', *I. barbata* 'World Premier'

Iris sibirica 'Prussian Blue', *I. sibirica* 'Über den Wolken'

Iris lactea, *Iris pallida*, *I. ruthenica*, *I. sanguinea*, *I. setosa*

Lithodora fruticosa

Mertensia virginica

Myosotis alpestris

Omphalodes cappadocica, *O. cappadocica* 'Starry Eyes', *O. verna*, *O. verna* 'Grandiflora'

Polemonium × richardsonii, *P. × richardsonii* 'Pallidum'

Polygala calcarea

Symphytum azureum, *S. grandiflorum* 'Blaue Glocken'

Tradescantia virginiana, *T. × andersoniana*, *T. × andersoniana* 'Leonora'

Veronica armena, *V. filiformis*, *V. prostrata*, *V. prostrata* 'Coerulea', *V. prostrata* 'Pallida', *V. teucrium*, *V. teucrium* 'Knallblau', *V. teucrium* 'Shirley Blue', *V. teucrium* 'True Blue'

Viola cornuta, *V. cornuta* 'Hansa', *V. gracilis*

Blattschmuckstauden

Euphorbia myrsinites

Festuca 'Blaufink', *F.* 'Blausilber', *F.* 'Elijah Blue', *F. amethystina*, *F. cinerea*, *F. glacialis*, *F. glauca*, *F. vallesiaca*, *F. valesiaca* 'Glaucantha'

Hosta 'Tokudama'-Hybriden, *H. nigrescens*, *H. nigrescens* 'Krossa Regal', *H. nigrescens* 'Regal Splendor', *H. sieboldiana*, *H. sieboldiana* 'Blue Angel', *H. sieboldiana* 'Elegans', *H. sieboldiana* 'Frances Williams', *H. × tardiana*, *H. × tardiana* 'Blue Moon', *H. × tardiana* 'Halcyon', *H. × tardiana* 'June'

Koeleria glauca

Salvia lavandulifolia, *S. officinalis*, *S. officinalis* 'Purpurea', *S. tomentosa*

Sedum anacampseros, *S. ewersii* 'Nanum', *S. ewersii* var. *homophyllum*, *S. pluricaule*, *S. reflexum*, *S. sieboldii*

Einjahresblumen

Myosotis sylvatica, *M. sylvatica* 'Bluesylva', *M. sylvatica* 'Blauer Korb', *M. sylvatica* 'Blaues Wunder'

Viola Cornuta-Hybriden, *Viola × wittrockiana*

Gehölze

Clematis Alpina-Sorten

Clematis Macropetala-Sorten

Clematis-Hybride 'Marcel Moser'

Wisteria sinensis

Frühsommer

Rosenbeginn bis Siebenschläfer – Anfang bis Ende Juni

Blütenstauden

Anchusa aurea, *A. azurea* 'Loddon Royalist', *A. azurea* 'Royal Blue'

Campanula carpatica, *C.* 'Blaumeise', *C.* 'Karpatenkrone', *C.* 'Spechtmeise', *C.* 'Zwergmöwe'

Delphinium (englische Sorten) 'Alice Duyvensteyn', 'Chelsea Star', 'Miss Newton Leese'

Delphinium (Belladonna-Hybriden) 'Atlantis', 'Ballkleid', 'Capri', 'Kleine Nachtmusik', 'Moerheimi', 'Piccolo', 'Sternenhimmel', 'Völkerfrieden'

Delphinium (Elatum-Hybriden) 'Abgesang', 'Alpenbote', 'Ariel', 'Augenweide', 'Berghimmel', 'Blaustrahl', 'Blauwal', 'Blickfang', 'Dämmerung', 'Elmfreude', 'Elmhimmel', 'Fernzünder', 'Finsteraarhorn', 'Firnglanz', 'Frühschein', 'Gewitterstimmung', 'Gletscherwasser', 'Grünberg', 'Gute Nacht', 'Jubelruf', 'Klingsor', 'Lanzenträger', 'Malvine', 'Merlin', 'Morgentau', 'Nachtwache', 'Ouvertüre', 'Perlmutterbaum', 'Polarnacht',

'Rosenquarz', 'Schildknappe', 'Sommerabend', 'Sommernachtstraum', 'Sommerwind', 'Sopran', 'Sternennacht', 'Tempelgong', 'Traumulus', 'Tropennacht', 'Waldenburg', 'Zauberflöte'

Delphinium (Pacific-Hybriden) 'Black Knight', 'Blue Bird', 'King Arthur', 'Magic Fountains', 'Summer Sky'

Geranium himalayense 'Gravetye', *G. renardii* 'Philippe Vapelle', *G. renardii* 'Terre Franch', *G. × magnificum*, *G. × magnificum* 'Rosemoor', *G.* Pratense-Hybride 'Brookside', *G.* 'Nimbus', *G.* 'Orion'

Iris barbata 'Batik', *I. barbata* 'Black Tie Affair', *I. barbata* 'Breakers', *I. barbata* 'Classic Look', *I. barbata* 'Dusky Challenger', *I. barbata* 'Fatum', *I. barbata* 'Forsete', *I. barbata* 'Grecian Skies', *I. barbata* 'Hello Darkness', *I. barbata* 'Heure Bleue', *I. barbata* 'Mer Du Sud', *I. barbata* 'Midnight Express', *I. barbata* 'Pacific *Panorama', I. barbata 'Proud Tradition', I. barbata 'Rheinfels', I. barbata 'Silverado', I.* barbata 'World Premier'

Iris laevigata, *I. pallida*, *I. setosa*

Iris sibirica, *I. sibirica* 'Blaue Milchstrasse', *I. sibirica* 'Blaumacher', *I. sibirica* 'Cambridge', *I. sibirica* 'Fahrt Ins Blaue', *I. sibirica* 'Hellblauer Riese', *I. sibirica* 'Nachtgesang', *I. sibirica* 'Over In Gloryland', *I. sibirica* 'Prussian Blue', *I. sibirica* 'Space Filled', *I. sibirica* 'Über Den Wolken'

Linum narbonense, *L. narbonense* 'Six Hills', *L. perenne*

Lithospermum purpurocaeruleum

Meconopsis betonicifolia

Moltkia petraea

Polemonium × richardsonii, *P. × richardsonii* 'Pallidum'

Salvia lavandulifolia, *S. officinalis*, *S. officinalis* 'Purpurea', *S. tomentosa*

Salvia nemorosa, *S. nemorosa* 'Blauhügel', *S. nemorosa* 'Mainacht', *S. nemorosa* 'Ostfriesland', *S. nemorosa* 'Tänzerin', *S. pratensis*, *S. pratensis* subsp. *haematodes*

Tradescantia × andersoniana, *T. × andersoniana* 'J. C. Weguelin', *T. × andersoniana* 'Leonora'

Veronica fruticans, *V. teucrium*, *V. teucrium* 'Knallblau', *V. teucrium* 'Shirley Blue', *V. teucrium* 'True Blue'

Viola cornuta, *V. cornuta* 'Hansa', *V. gracilis*

Blattschmuckstauden

Euphorbia myrsinites

Helictotrichon sempervirens, *H. sempervirens* 'Pendula'

Hosta 'Tokudama'-Hybriden, *H. nigrescens*, *H. nigrescens* 'Krossa Regal', *H. nigrescens* 'Regal Splendor', *H. sieboldiana*, *H. sieboldiana* 'Blue Angel', *H sieboldiana* 'Elegans', *H. sieboldiana* 'Frances Williams', *H. × tardiana*, *H. × tardiana* 'Blue Moon', *H. × tardiana* 'Halcyon', *H. × tardiana* 'June'

Koeleria glauca

Leymus arenarius 'Glaucus', *L. racemosus* 'Glaucus'

Salvia lavandulifolia, *S. officinalis*, *S. officinalis* 'Purpurea', *S. tomentosa*

Sedum anacampseros, *S. ewersii* 'Nanum', *S. ewersii* var. *homophyllum*, *S. pluricaule*, *S. reflexum*, *S. sieboldii*

Einjahresblumen

Ageratum houstonianum

Anchusa capensis

Brachyscome iberidifolia

Convolvulus sabatius

Felicia amelloides, *F. amelloides* 'Variegata'

Heliotropium aborescens 'Marine'

Ipomoea purpurea, *I. tricolor* 'Heavenly Blue'

Lobelia erinus; Lobelia-Speciosa-Gruppe 'Fan Blau'

Salvia farinacea, S. patens, S. patens 'Cambridge Blue'

Verbena bonariensis, *V. rigida*, *V. rigida* 'Polaris'

Gehölze

Clematis Alpina-Sorten

Clematis Macropetala-Sorten

Clematis-Hybride 'Marcel Moser'

Clematis-Hybride 'The President'

Hydrangea macrophylla 'Niedersachsen'

Hochsommer

Siebenschläfer bis Erntekirmes – Ende Juni bis Ende August

Blühende Stauden

Aster amellus in den Sorten: 'Altweibersommer', 'Berggeist', 'Blaugoldzwerg', 'Blütendecke', 'Glücksfund', 'Gnom', 'Kugelstrauß', 'Mira', 'Nachsommerschatz', 'Preziosa', 'Rudolf Goethe', 'Silbersee', 'Sonora', 'Sternkugel', 'Strahlenkissen', 'Veilchenkönigin'

Aster Frikartii-Hybride 'Jungfrau', *A.* 'Mönch', *A.* 'Wunder von Stäfa'

Aster macrophyllus 'Twilight', *A. pyrenaeus*, *A. pyrenaeus* 'Lutetia', *A. sedifolius*, *A. sedifolius* 'Nanus'

Ceratostigma plumbaginoides

Clematis heracleifolia var. *davidiana*

Echinops humilis, *E. ritro*

Erigeron 'Adria', *E.* 'Dominator', *E.* 'Dunkelste Aller'

Eryngium amethystinum, *E. bourgatii*, *E. planum*

Gentiana asclepiadea, *G cruciata*, *G. dahurica*, *G. septemfida* var. *cordifolia*, *G. septemfida* var. *lagodechiana*

Geranium wlassovianum, *G.* Pratense-Hybride 'Nimbus', *Geranium*-Hybride 'Rozanne'

Kalimeris incisa 'Blue Star'

Penstemon campanulatus

Pseudolysimachion spicatum, *P. spicatum* 'Romiley Purple'

Salvia lavandulifolia, *S. officinalis*, *S. officinalis* 'Purpurea', *S. tomentosa*

Salvia azurea var. *grandiflora*, *S. uliginosa*

Tradescantia × andersoniana, *T. × andersoniana* 'J. C. Weguelin', *T. × andersoniana* 'Leonora'

Viola cornuta, *V. cornuta* 'Hansa', *V. gracilis*

Blattschmuckstauden

Andropogon gerardii

Euphorbia myrsinites

Helictotrichon sempervirens, *H. sempervirens* 'Pendula'

Hosta 'Tokudama'-Hybriden, *H. nigrescens*, *H. nigrescens* 'Krossa Regal', *H. nigrescens* 'Regal Splendor', *H. sieboldiana*, *H. sieboldiana* 'Blue Angel', *H sieboldiana* 'Elegans', *H. sieboldiana* 'Frances Williams', *H. × tardiana*, *H. × tardiana* 'Blue Moon', *H. × tardiana* 'Halcyon', *H. × tardiana* 'June'

Koeleria glauca

Leymus arenarius 'Glaucus', *L. racemosus* 'Glaucus'

Panicum virgatum 'Cloud Nine', *P. virgatum* 'Dallas Blue', *P. virgatum* 'Heavy Metal'

Salvia lavandulifolia, *S. officinalis*, *S. officinalis* 'Purpurea', *S. tomentosa*

Schizachyrium scoparium

Sedum anacampseros, *S. ewersii* 'Nanum', *S. ewersii* var. *homophyllum*, *S. pluricaule*, *S. reflexum*, *S. sieboldii*

Sorghastrum nutans 'Sioux Blue'

Einjahresblumen

Ageratum houstonianum

Anchusa capensis

Brachyscome iberidifolia

Callistephus chinensis

Convolvulus sabatius

Felicia amelloides, *F. amelloides* 'Variegata'

Heliotropium arborescens 'Marine'

Ipomoea pupurea, *I. tricolor* 'Heavenly Blue'

Lobelia erinus; Lobelia-Speciosa-Gruppe 'Fan Blau'

Salvia farinacea, *S. patens*, *S. patens* 'Cambridge Blue'

Verbena bonariensis, *V. rigida*, *V. rigida* 'Polaris'

Kübelpflanzen

Agapanthus praecox

Plumbago auriculatus

Gehölze

Buddleja davidii, *B. davidii* 'Nanho Blue'

Clematis × jackmannii, *C. × jackmannii* 'Superba'

Clematis Integrifolia-Gruppe

Clematis Lanuginosa-Gruppe

Clematis Viticella-Gruppe

Clematis × durandii

Clematis-Hybride 'The President'

Herbst

Erntekirmes bis Allerseelen – Ende August bis Anfang November

Blütenstauden

Aster amellus in den Sorten: 'Altweibersommer', 'Berggeist', 'Blaugoldzwerg', 'Blütendecke',

'Glücksfund', 'Gnom', 'Kugelstrauß', 'Mira', 'Nachsommerschatz', 'Preziosa', 'Rudolf Goethe', 'Silbersee', 'Sonora', 'Sternkugel', 'Strahlenkissen', 'Veilchenkönigin'
Aster cordifolius, *A. cordifolius* 'Ideal'
Aster dumosus in Sorten: 'Blaue Lagune', 'Daniela', 'Lady in Blue', 'Mittelmeer', 'Prof. Anton Kippenberg'
Aster Frikartii-Hybride 'Jungfrau', *A.* 'Mönch', *A.* 'Wunder von Stäfa'
Aster laevis, *A.* 'Calliope', *A. macrophyllus* 'Twilight'
Aster novi-belgii in Sorten: 'Blaue Nachhut', 'Blaugitter', 'Blütenmeer', 'Brigitte', 'Dauerblau', 'Erfurt blüht', 'Fuldatal', 'Helene', 'Mary Ballard', 'Sailorboy', 'Schöne v. Dietlikon', 'Violetta', 'Zauberspiel'
Aster novae-angliae 'Barr's Blue', *A. novae-angliae* 'Purple Dom'
Aster pyrenaeus, *A. pyrenaeus* 'Lutetia', *A. sedifolius*, *A. sedifolius* 'Nanus'
Ceratostigma plumbaginoides
Gentiana asclepiadea, *G. farreri*, *G. sino-ornata*
Geranium-Hybride 'Rozanne'
Salvia azurea var. *grandiflora*, *S. uliginosa*

Blattschmuckstauden

Andropogon gerardii
Athyrium niponicum
Helictotrichon sempervirens, *H. sempervirens* 'Pendula'
Hosta 'Tokudama'-Hybriden, *H. nigrescens*, *H. nigrescens* 'Krossa Regal', *H. nigrescens* 'Regal Splendor', *H. sieboldiana*, *H. sieboldiana* 'Blue Angel', *H sieboldiana* 'Elegans', *H. sieboldiana* 'Frances Williams', *H.* × *tardiana*, *H.* × *tardiana* 'Blue Moon', *H.* × *tardiana* 'Halcyon', *H.* × *tardiana* 'June'
Koeleria glauca
Leymus arenarius 'Glaucus', *L. racemosus* 'Glaucus'
Panicum virgatum 'Cloud Nine', *P. virgatum* 'Dallas Blue', *P. virgatum* 'Heavy Metal'
Salvia lavandulifolia, *S. officinalis*, *S. officinalis* 'Purpurea', *S. tomentosa*
Schizachyrium scoparium
Sedum anacampseros, *S. ewersii* 'Nanum', *S. ewersii* var. *homophyllum*, *S. pluricaule*, *S. reflexum*, *S. sieboldii*
Sorghastrum nutans 'Sioux Blue'

Einjahresblumen

Ageratum houstonianum
Anchusa capensis
Brachyscome iberidifolia
Callistephus chinensis
Convolvulus sabatius
Felicia amelloides, *F. amelloides* 'Variegata'
Heliotropium arborescens 'Marine'
Ipomoea pupurea, *I. tricolor* 'Heavenly Blue'
Salvia farinacea, *S. patens*, *S. patens* 'Cambridge Blue'

Kübelpflanzen

Plumbago auriculatus

Spätherbst

Allerseelen bis Advent – Anfang November bis Anfang Dezember

Blütenstauden

Aster dumosus in Sorten: *Aster* 'Blaue Lagune', 'Daniela', 'Lady in Blue', 'Mittelmeer', 'Prof. Anton Kippenberg'
Aster novi-belgii in Sorten: 'Blaue Nachhut', 'Blaugitter', 'Blütenmeer', 'Brigitte', 'Dauerblau', 'Erfurt blüht', 'Fuldatal', 'Helene', 'Mary Ballard', 'Sailorboy', 'Schöne v. Dietlikon', 'Violetta', 'Zauberspiel'
Aster laevis, *A.* 'Calliope'
Aster novae-angliae 'Barr's Blue', *A. novae-angliae* 'Purple Dom'

Blattschmuckstauden

Andropogon gerardii
Panicum 'Cloud Nine', *P. virgatum* 'Dallas Blue', *P. virgatum* 'Heavy Metal'
Salvia lavandulifolia, *S. officinalis*, *S. officinalis* 'Purpurea', *S. tomentosa*
Schizachyrium scoparium
Sorghastrum nutans 'Sioux Blue'

Liste der erhältlichen Staudenzüchtungen Karl Foersters

Dieser Liste liegt eine Erhebung zugrunde, die Frau Bettina Bergande (Büro Topos, Berlin) im Auftrag der BUGA Potsdam 2001 GmbH anfertigte. Die noch vorhandenen Foerster-Sorten wurden in Potsdam gesammelt und auf ihre Echtheit hin überprüft. An der Sichtung nahmen namhafte Stauden-Experten teil. Ein Teil des angeschafften Sortiments wurde auf der Freundschaftsinsel in Potsdam aufgepflanzt und kann dort besichtigt werden.
Die Anzahl der Sorten, die Karl Foerster gezüchtet und in den Umlauf gebracht hat, ist nicht genau bekannt. Erhebungen schwanken zwischen 362 (Liste, aufgestellt von Konrad Näser) bis zu über 700 (Liste, entwickelt von Marie-Luise Kreuter). Viele davon sind noch im Handel zu finden – andere dagegen stellen Seltenheiten im Sortiment dar.
Die im Folgenden aufgeführten 163 Sorten konnten 2001 noch beschafft und als echt bestätigt werden. Sicher sind noch mehr Züchtungen erhalten – möglicherweise sind von den hier genannten aber auch schon wieder einige verloren gegangen. Dieses Kulturgut zu bewahren liegt in der Verantwortung dieser und zukünftiger Generationen.

Aruncus 'Zweiweltenkind'

Aster amellus 'Blütendecke', 'Glücksfund', 'Mira', 'Rosa Erfüllung', 'Veilchenkönigin'

Aster dumosus 'Rosenelfe', 'Rosenkissen', 'Schneezicklein', 'Silberblaukissen'

Aster ericoides 'Schneegitter'

Aster novae-angliae 'Abendsonne', 'Rosa Sieger', 'Rubinschatz'

Aster novi-belgii 'Blaue Nachhut', 'Brigitte', 'Dauerblau', 'Frau Holle', 'Oktoberfest',
'Porzellan', 'Rosenquarz', 'Rosenhügel', 'Weißer Elefant', 'Weißes Wunder', 'Zauberspiel'

Astilbe × arendsii 'Bronzelaub'

Aubrieta-Hybride 'Mommot Tauricola'

Bergenia-Hybride 'Purpurkönigin', 'Schneekönigin'

Campanula 'Karpatenkrone'

Carlina acaulis 'Bronze'

Chrysanthemum Indicum-Hybriden
'Bronzeteppich', 'Carmina', 'Corinna', 'Golden Rehauge', 'Goldmarianne', 'Granatschopf', 'Isabella Rosa', 'Karminriese', 'Karminsilber', 'Lachsrote Wolke', 'Nebelrose', 'Rosalinde', 'Rosenmarguerite', 'Schneewolke'

Chrysanthemum rubellum
'Septemberrose'

Delphinium Belladonna-Gruppe
'Kleine Nachtmusik'

Delphinium Elatum-Gruppe
'Abgesang', 'Ariel', 'Azurzwerg', 'Berghimmel', 'Blauer Zwerg', 'Blauwal', 'Blondine', 'Dämmerung', 'Finsterahorn', 'Frühschein', 'Glasturm', 'Gletscherwasser', 'Gute Nacht', 'Jubelruf', 'Klingsor', 'Malvine', 'Merlin', 'Morgentau', 'Ouvertüre', 'Perlmutterbaum', 'Rosenquarz', 'Sopran', 'Sternennacht', 'Tempelgong', 'Traumulus', 'Wassermann', 'Zauberflöte'

Deschampsia cespitosa
'Bronzeschleier'

Dianthus gratianopolitanus
'Blaureif'

Ergerion Speciosus-Hybriden
'Dunkelster Aller', 'Sommerneuschnee'

Festuca glauca 'Frühlingsblau'

Helenium-Hybriden 'Biedermeier', 'Feuersiegel', 'Flammenrad', 'Goldlackzwerg', 'Goldrausch', 'Helena', 'Julisamt', 'Königstiger', 'Kugelsonne', 'Kupfersprudel', 'Mahagoni', 'Rotkäppchen', 'Septemberfuchs', 'Waldhorn', 'Wongadonga', 'Zimberstern'

Heliopsis helianthoides var. *scabra* 'Goldgefieder', 'Goldgrünherz', 'Sommersonne', 'Sonnenschild', 'Spitzentänzerin', 'Wüstenkönig'

Silene alpestris 'Heidi'

Ligularia-Hybride 'Sommergold'

Limonium latifolium 'Violette'

Miscanthus sinensis 'Giganteus'

Molinia caerulea 'Altissima', 'Variegata'

Monarda-Hybride 'Schneewittchen'

Omphalodes verna 'Grandiflora'

Papaver orientale 'Funkturm', 'Rosenpokal'

Phlox paniculata 'Amarantriese', 'Augustfackel', 'Bauernstolz', 'Bornimer Nachsommer', 'Dorffreude', 'Düsterlohe', 'Eva Foerster', 'Fesselballon', 'Feuerspiegel', 'Flammenkuppel', 'Frauenlob', 'Füllhorn', 'Glutsieg', 'Hochgesang', 'Juliglut', 'Karminvorläufer', 'Kirchenfürst', 'Kirmesländler', 'Lachsjuwel', 'Landhochzeit', 'Lavendelwolke', 'Monte Cristallo', 'Monte Rosa', 'Prospero', 'Puderquaste', 'Redivivus', 'Rosabella', 'Rosa Pastell', 'Rosendom', 'Rosenlicht', 'Schneeferner', 'Schneerausch', 'Silberlachs', 'Spätrot', 'Tenor', 'Violetta Gloriosa', 'Wenn schon – denn schon'

Potentilla aurea 'Goldklumpen'

Potentilla nepalensis 'Flammenspiel'

Salvia nemorosa 'Mainacht'

Saponaria ocymoides 'Karminkönigin'

Scabiosa caucasica 'Lavendelblaue Riesen'

Sempervivum-Hybride 'Silberkarneol'

Solidago-Hybride 'Goldjunge'

Tradescantia Andersonii-Hybriden 'Bärbel', 'Gisela', 'Karin', 'Rosi'

Veronica teucrium 'Knallblau', 'Kapitän'

Veronica longifolia 'Blauriesin', 'Schneeriesin'

Die folgenden Sorten sind wohl auch noch im Handel erhältlich, wurden aber 2001 nicht auf ihre Echtheit gesichtet:

Anemone tomentosa 'Albadura'

Anemone vitiifolia 'Superba'

Yucca filamentosa 'Elegantissima', 'Fontäne', 'Glockenriese', 'Großglockner', 'Hercules', 'Rosenglocke', 'Schellenbaum', 'Schneefichte', 'Schneetanne'

Bezugsquellen

Einen Teil der in diesem Buch aufgeführten Stauden werden Sie in gut sortierten Gärtnereien oder Gartencentern finden. Für bestimmte Sorten müssen Sie sich an spezialisierte Staudenbetriebe wenden. Die hier genannten Staudengärtnereien stellen nur eine unvollständige Auswahl möglicher Bezugsquellen dar. Einen umfassenden Überblick, der Ihnen hilft eine Gärtnerei in Ihrer unmittelbaren Nähe zu finden, ermöglicht Ihnen der Kontakt zum Bund deutscher Staudengärtner (BDS) (www.stauden.de) oder zum Verein Perenne e.V. (www.perenne.de). Über die Eignung von Neuheiten, aber auch über Prüfung bestehender Sortimente, können Sie sich beim Arbeitskreis Staudensichtung informieren (www.staudensichtung.de).

Foerster-Stauden GmbH
Am Raubfang 6
14469 Potsdam
Breites Sortiment; Spezialität:
Foerster-Züchtungen

Staudengärtnerei am Dominikus
Uwe Peglow
Kurhausstr. 30–34
13467 Berlin
Breites Sortiment; Spezialität:
Foerster-Züchtungen

Annemarie Eskuche
Staudenkulturen am Söhnholz
29664 Ostenholz
Breites Sortiment; Spezialität:
Geranium

Staudengärtner Heinz Klose
Inh. Heinz-Richard Klose
Rosenstraße 10
34253 Lohfelden
Breites Sortiment; Spezialität:
Schattenstauden, Rittersporne

Baltin-Stauden
Christian Baltin
Mörser Str. 29
38442 Wolfsburg-Ehmen
Breites Sortiment; Spezialität:
Gräser

Floragarten Weinreich
Jan Weinreich
Neue Strasse 1
39326 Wolmirstedt
Breites Sortiment; Spezialität:
(eigene) Rittersporn-Züchtungen

Stade Staudenkulturen
Beckenstrang 24
46325 Borken-Marbeck
Breites Sortiment; Spezialität:
Gräser

Staudengärtnerei Gräfin von Zeppelin
Weinstrasse 2
79295 Sulzburg-Laufen/Baden
Breites Sortiment; Spezialität: Iris

Staudengärtnerei Gaissmayer
Jungviehweide 3
89257 Illertissen
Breites Sortiment; Spezialität:
Astern, Gräser, Rittersporn

Zu den Autoren

Prof. Dr. Norbert Kühn

Norbert Kühn studierte an der Technischen Universität München-Weihenstephan Landespflege. Seit 1998 arbeitet er an der Technischen Universität Berlin, seit 2003 leitet der das Fachgebiet Ingenieurbiologie, das die Bereiche Ingenieurbiologie, Vegetationstechnik und Pflanzenverwendung abdeckt. Schwerpunkte der Forschungsarbeit sind: Extensive Staudenverwendung, Planerischer Einsatz von Spontanvegetation, Theorie in der Pflanzenverwendung. Sein besonderes Interesse gilt der historischen Pflanzenverwendung (insbesondere dem frühen 20. Jahrhundert) und dem Einsatz von Pflanzen in der Gartendenkmalpflege. Norbert Kühn ist Mitglied des Arbeitskreises Pflanzenverwendung des BDS und Kuratoriumsmitglied der Karl-Foerster-Stiftung.

Christian Meyer

Christian Meyer, lebt und arbeitet in Berlin. Er hat an der TFH Landespflege studiert und ist seit 15 Jahre als selbstständiger Garten- und Pflanzplaner tätig.
Durch zahlreiche private Projekte, aber auch Aufträge im öffentlichen Bereich, hat er sich insbesondere als Staudenfachmann einen Namen gemacht. Der Foersterschen Inspiration folgend, propagierte er 1997 den »Einzug der Gräser und Stauden auf den Kurfürstendamm« in Berlin. Die Realisierung dieses Projekts am Olivaer Platz, wurde u. a. durch den Foerster-Schüler Ernst Pagels mit Rat und Pflanzenspenden unterstützt. Seit 1999 ist er bei der sukzessiven Überarbeitung des Karl-Foerster-Garten in Berlin-Britz beteiligt. In der Zwischenzeit war und ist Christian Meyer auf vielen Bundes- und Landesgartenschauen tätig, wo er nicht nur Staudenpflanzungen präsentiert, sondern auch die Planung des Wechselflors übernimmt.

Dr. Konrad Näser

Geboren 1934 in Annaberg/Erzgeb., Lehre in der Baumschule C. W. Schwarz in Einsiedel b. Chemnitz, Gehilfe am Institut für Obstbau in Marquardt, Gärtnermeisterprüfung, Gartenbaustudium mit abschließender Promotion an der Humboldt-Universität zu Berlin. Von 1958 bis 1990 im Staudenbetrieb Karl Foerster in Potsdam-Bornim tätig, davon 12 Jahre unter der Leitung von Karl Foerster, ab 1972 Zuchtleiter für Stauden im damals volkseigenen Betrieb. Eine Arbeitsgruppe unter seiner Leitung schuf ca. 100 neue Staudensorten.

Dr. Tomas und Christina Tamberg

Dr. Tomas und Christina Tamberg sind ein Ehepaar, das seit 35 Jahren ein starkes gemeinsames Interesse an allem hegt, was Iris heißt. Sie begannen, wie viele Irisfreunde, mit einer Begeisterung für Hohe Bartiris, einer Pflanzengruppe, mit der sie auch einige züchterische Erfolge erzielten. Später wandte sich besonders Tomas Tamberg der Züchtung der Sibirica-Iris und anderer bartloser Iris zu. Viele der modernen europäischen Kulturformen auf diesem Gebiet stammen aus dem Garten Tamberg, in dem heute ein breites Spektrum von Iris-Arten und -Sorten kultiviert wird. Christina Tamberg hat dabei vorrangig den Bestand der Hohen Bartiris betreut und weiter entwickelt, wobei sie langjährige Erfahrung mit dieser oft nicht problemlosen Pflanzengruppe gesammelt hat. – Beide Ehepartner sind aktive Mitglieder der Gesellschaft der Staudenfreunde und ihrer Iris-Fachgruppe sowie britischer und amerikanischer Fachgesellschaften.

Register

Seitenzahlen mit Sternchen* verweisen auf Abbildungen im Buch.